永远的哥哥
张国荣
LESLIE CHEUNG

［韩］朱晟彻 著

胡椒筒 译

上海书店出版社
SHANGHAI BOOKSTORE PUBLISHING HOUSE

转眼二十年，张国荣与詹姆斯·迪恩（James Dean）一起成了象征永恒青春的代名词。毫无反抗性的、突如其来的死亡，以及那些对明星的死大肆报道、一定要挖出亡者背后的故事、把死亡当成娱乐的人们。随着时间流逝，现在我们可以更冷静地回忆他了。假使带领我们回忆张国荣的人是朱晟彻，那便大可放心地跟随他，欣然地与他一起踏上这场追忆张国荣的旅程。

—— 柳昇完 电影《柏林》导演

读这本书时，我反复听着张国荣演唱的 *A Thousand Dreams of You*。活力与不安、忧郁与思念、千禧年与新体制的转换……即使时隔多年，张国荣和香港似乎依然存在于我们的心中。朱晟彻就像考古学家一般，探访了那些街头小巷，小心翼翼地清去记忆的灰尘，向我们展示一层层仍旧牵动人心的思念之情。正因为如此，这本书成了一本情绪和感情上的解答之书。

—— 边永姝 电影《火车》导演

对于一遍又一遍观看《英雄本色》长大的我而言，张国荣就是香港电影。在那些凶残的男人们的枪林弹雨下，他的眼神以完全不同的感性清晰地烙印在我的脑海中。热爱香港电影的朱晟彻四处奔走收集资料，带我们回顾张国荣过去的时光。这是一本可以通过张国荣再次触摸到我们对于香港电影记忆的作品，令人感到恍惚与欣喜。已经二十年了。想你，张国荣。

—— 李勇周 电影《建筑学概论》导演

当然，在读这本书时会想起张国荣。但与此同时，这本书也可以被看作一本与之开始，并在 4 月 1 日结束的一个香港电影新浪潮时代的记录。在这本书中，常常会看到私人的情感，以及闻所未闻的故事。只有真心喜爱香港电影的人才能呼唤出那些电影的名字，因而可以感受到那份"暂时忘却"且"刚刚找回"的爱。这是一本可以与存在共同记忆的人们一起品味的书，但在阅读以前，请闭上双眼，出声念出那个短暂停留在我们身边，且在离开时没有带上翅膀而坠落的名字以及他留下的电影吧（至少十部电影）。

——郑圣一 影评人、电影《黑色咖啡店》导演

几年前，为了追随张国荣的足迹，我去过香港。但与预想不同的是，那时他留下的足迹已经变得很模糊了。但在张国荣逝世二十年后的今天，仍有一些人会突然想起他。因此，某种结局成了将永远反复的故事。朱晟彻记者的文字总是很吸引人，尤其关于香港电影的文字则更是如此（令人难以置信的是，他竟然不会普通话和粤语）。朱晟彻写了这本关于张国荣的书，如果我在前往香港前读到这本书，一定会很有帮助。

——李东振 影评人

当我轻声呼唤张国荣这三个字的瞬间，十几岁时不懂事且令人难为情的回忆便涌上了心头。他吃过的巧克力、风度翩翩的刘海、穿着内衣站在电风扇前跳舞的小房间，以及身披长长的大衣走过灯光斑驳的夜路……回忆起的一切都让我心痛。他是一股热潮，却无声地消失了。永远不会老去的他封存了我十几岁时的记忆。我十几岁时的张国荣。

——李允正 电视剧《咖啡王子1号店》导演

我为朱晟彻记者的著作《假如第二次去香港》（香港に二番目に店が出来るならば）写过一次推荐文。我与他素不相识，只通过打电话和写邮件处理过与书和杂志有关的公事。时隔多年，这次他打电话来说要出版一本关于张国荣的书，邀我写推荐文。我心想"他可真是一个勤奋的人"，于是欣然地答应了。能与素未谋面的他建立这种关系，是因为我从很早以前就很喜欢他（我们年纪相仿）写的那些关于香港电影的文章。回首过去沉迷于香港电影的日子，我和他都觉得自己欠了香港电影很多东西，心情也莫名地感伤了起来。然而，他的文字就像是在与好朋友聊天一般，会让人下意识地频频点头，并喃喃自语道："对哦、没错、是啊、就是这样。"周围的朋友都知道我是我们"周星驰足球队"的队长，还组织了一个"甄子丹桌球俱乐部"。我至今仍未向张国荣致敬，他是香港电影不可缺少的一部分，看来朱记者又做了一件大事。

——金庆珠 诗人、剧作家

5

1999年7月21日，张国荣为宣传电影《星月童话》来韩，并在《李素罗的求婚》（이소라의 프로포즈）节目中演唱了一首 *A Thousand Dreams of You*。我永远也忘不了那年的7月21日。

原本以为影评杂志KINO会刊登他的专访，却什么也没有，他们像是抛弃了拍完《春光乍泄》（1997）后与王家卫分道扬镳的他。翌年4月1日，我开始到KINO上班，满心期待也许有天可以遇到为宣传新电影而来韩的张国荣，但他的电影却再也没有在韩国院线上映了。

之后的2003年4月1日——那天就像是突然收到很久以前离家出走的兄弟的噩耗一般，强烈的愧疚感席卷而来。我后知后觉地意识到，自1999年7月21日后的四年间，自己竟然把他忘得一干二净，而KINO也在同年发行七月号刊后停刊了。就这样，我的"九零年代"就此结束。

在观看许鞍华导演的《桃姐》（2012）时，我想起了张国荣。饰演主角的刘德华成长在贫苦之家，所以没有和家佣一起生活的经验，而张国荣则是自小被家佣六姐带大，他甚至说过，对自己一生影响最大的女人不是母亲，而是六姐。

他与六姐的交流比和父母的还要频繁，六姐陪伴他度过了童年的大部分时间。就这样，我又把张国荣带入了已经展现出优秀演技的刘德华的角色。

张国荣的离去，令人感到惋惜。其中最大一个原因是，再也看不到他的电影了。哪怕是现在，我在观看香港电影的时候，还是会习惯性地去想"张国荣更适合演那个角色"。

我在张国荣逝世十周年之际决定在韩国出这本书，也因此见了许多中国香港的电影人，他们除了感到惋惜，更多的是感到愧疚，因为觉得"没能为他做什么"。即使张国荣的离开不是他们的错，但每个人都觉得十分痛苦。由此可见，张国荣的离去在香港电影圈成了一个谁也无法弥补的巨大空缺。我认为这正是张国荣走后，香港电影失去往日的活力并就此被封藏于老影迷回忆中的一个根本性的原因。正因为如此，我想唤回"张国荣"，用文字记录下他。这份通过他和他的电影追溯过去有哭有笑的往事的记录工作，也成了我回顾自己和周遭事物的一个过程。

在电影《红色恋人》（1998）中，张国荣饰演的共产党员"靳"在历史的桎梏中哀叹自己的处境，留下了"视死如归"的台词。他的意思是说，要把死亡看作返回故乡一般。

在写这本书期间，我的两位朋友也相继返回了"故乡"。首先是2003年在张国荣的讣告报道中，用"最终战胜电影的演员"来形容张国荣的周刊杂志*FILM2.0*的总编辑李知勋前辈。刚过不惑之年的他正值事业顶峰，却在2011年6月因脑肿瘤过世了。命运使然，他与一年后建议我写下这本书的新浪潮传媒（NEXT WAVE MEDIA）的朴孝贞编辑，成了促使我下定决心出版这本书的"罪魁祸首"。

另一位是我在*KINO*担任记者期间结识的影评人柳尚旭。2010年4月，他在新加坡某医院被确诊患有肺癌，在与病魔的长期抗战后，最终于2013年2月去世了。他在韩国的那段时间，我因为忙于写这本书而没能和他见上一面。这件事一直让我很懊恼和动摇，但看到他在化疗期间写的《柳尚旭的极限电影手记》（류상욱의 익스트림 시네 다이어리）中写道"未来我要竭尽所能地持续写影评"后，我才得以坚定信心。借此机会再次为故人祈求冥福。

此外，多亏了把出版这本书当成自己的事情的两位前辈——金孝楠和金善泰的鼎力支持，才得以使用2003年赴港采访拍摄的照片。在此也要向提供老照片的*Cine21*摄影组表示感谢。

最后，在回忆张国荣时，我会永远记得在"慕情"（张国荣喜欢的餐厅）的最后一天。愿我们都能"Happy Together"！

—— 朱晟彻

目 录

ESLIE CHEUNG

Scene # 01

开始 始

祈 祷 、 铭 记 、 记 录

从头
来过

《春光乍泄》: *Happy Together*，1997

　　在出发前往香港的前一天，我苦恼了很久，不知道应该重温张国荣的哪一部电影。最终，我选了《春光乍泄》。这部电影讲述了主角宝荣（张国荣饰演）和耀辉（梁朝伟饰演）为了挽回彼此的关系，而前往地球另一端的阿根廷所经历的故事。之所以选择这部电影，是因为我仍然无力面对没有张国荣的香港。正如电影里的宝荣一般，我想说服自己，张国荣只是暂时离开香港，去了异国他乡。但这种想以轻松的心情前往香港的想法，对于仍活在世上的我而言，不过是一种毫无意义的错觉罢了。

无心恋世

　　我抵达香港的3月27日一直飘着雨，因身心俱疲而无心恋世的他选择离开的2003年4月1日也飘着雨。这位用人生大部分的时间来演绎虚构人生的演员，他的离去为人们留下了难以解开的谜团。若前往寻找那些他"最后的踪迹"，是否就能找到答案呢？于是我的脚步自然而然地朝向文华东方酒店。

2003年4月1日，张国荣在文华东方酒店离开了我们。

张国荣的离开是悲剧性的，而且竟然是在愚人节。他希望这个世界如何接受自己的离去呢？这是一场超越了神秘与悲伤的诀别，没有人可以忘却，同时也让人难以铭记。正因为如此，才经常让人感觉他虽已离去，却未曾真正地离开。这是一场只有上天可以默许的诀别。

香港一年四季有雨。得益于四处连接的天空走廊，在搭乘机场快线抵达香港站后，我没有淋雨便直接走到了文华东方酒店。该怎么说呢？没有淋雨便顺利抵达目的地，反倒让我感到很抱歉。

文华东方酒店既不华丽也不雄伟，端雅的立方体外观与张国荣的形象巧妙地交织在一起。虽然从哪个角度拍照效果都差不多，但还是很难拍。这看似简单，却也很麻烦。

每年的4月1日，酒店正门周围都会堆满他生前特别喜欢的百合花、粉丝写的信和照片。可能是距离4月1日还有几天的关系，酒店的周围十分冷清。我询问员工，他们说会在每年3月31日上午10点到4月1日午夜，将粉丝送来的鲜花和礼物展示出来。

有别于我的预想，我其实庆幸没有在正门周围看见他的照片和百合花，因为我很害怕回想起那一天。这就好比在迫切希望能够取消约会的瞬间，收到对方的消息说："我们下次再见吧！"我终于松了一口气。

我来到"澳门套房"所在的21楼——我原本没有这样的意图，只是刚好有人搭电梯下来。电梯门一开，我便下意识地走了进去。任谁看了都知道我是一个背包客，但幸好没有人拦下我。"澳门套房"是文华东方酒店最引以为傲、最高档的豪华套房，也是张国荣离世前投宿的地方。也就是说，2003年3月31日，从那扇门走进去的张国荣再也没有走出来。"澳门套房"的大门成了他与这个世界最后的界线。

确切地说，张国荣投宿的"澳门套房"早已不存在了。2006年，在酒店大规模地翻新装潢后，张国荣住过的彼时位于24楼的客房便消失了。尽管如此，我站在写有"澳门套房"的门牌前，依旧难以移开脚步，我的视线一直停留在写有"澳门"和"套房"这两个不协调的词语组合上。

虽然不知道里面是否住有房客，但出于荒谬的想法，我很想按一下门铃，说不定张国荣会打开房门，笑脸相迎。

我艰难地从21楼下来，朝2楼的"快船廊Clipper Lounge"走去。那里是张国荣经常喝下午茶的地方。果不其然，咖啡厅座无虚席，店员把我带到同楼层对面的咖啡厅"Café Causette"。我入座后，朝他喜欢的靠窗位置遥望了半天，然后走出了酒店。对于此行来寻找张国荣足迹的我而言，除了那个位置以外，其他地方没有任何的意义。不，应该是说我很讨厌人们嬉笑聊天的声音。自从酒店翻新装潢以后，这个地方已经变得没有人再特意找来了。

张国荣离开的2003年，SARS（Severe Acute Respiratory Syndrome，传染性非典型肺炎）席卷了香港。这使得香港又笼罩了一层哀伤。当人们得知张国荣纵身朝冰冷的混凝土地面跳下的消息时，每个人都用手捂住戴着口罩的嘴，痛哭失声。那些在寂静中发出哽咽哭声的人们都去了哪里？

© 김선태 Kim Seon-tae

每年的4月1日，粉丝都会前来为他献花。

最后的午餐

3月28日，我来到张国荣与友人最后共进午餐的"Fusion"餐厅。听闻他平时喜欢在这间餐厅吃凯撒沙拉、白酒蛤蜊意大利面、烤牛肋骨和海鲜浓汤等料理。餐厅在他逝世周年时，还以这些料理为主推出过一份特别的菜单。

张国荣在离世前就已经失去了胃口和体力，因为胃食道逆流，身为百事可乐代言人的他在上台后也没有讲一句话。虽然他以嘉宾的身份出席了梅艳芳的演唱会，却也未能多唱一首歌献给粉丝，只能背对大家的欢呼声走下了舞台。观众席的欢呼声久久没有散去，梅艳芳只好替张国荣安抚歌迷说："对不起，其实Leslie今晚不舒服。"外界传出他因抑郁症而定期接受心理咨询的消息后，小报便散布虚假的消息说他在找巫师驱魔。显而易见的是，当时的张国荣已经彻底身心俱疲了。

香港著名室内设计师莫华炳的一篇采访曾引起大家关注。张国荣离世当天，与他共进午餐的友人正是莫华炳，当时莫华炳除了担心SARS，还很担心曾提及抑郁症和自杀的张国荣，他放心不下这件事，于是便打电话给张国荣的姐姐张绿萍。据姐姐所说，张国荣在事发当晚约了经纪人陈淑芬在酒店见面，但张国荣在和陈淑芬见面前就已经选择了不归路。

在《漫步电影》(필름 속을 걷다) 一书中，影评人李东振追忆张国荣时，提到了走访餐厅的事。店员表示张国荣当天点了里脊牛排，但他平时很少点需要用餐刀的料理，因此这"最后的午餐"也成了一道未解之谜。也许他有什么重要的事情要做，所以想给自己补点力气，只不过没想到他需要的竟是"赴死之力"。走出餐厅不过一两个小时后，他就从文华东方酒店坠落了。

位于铜锣湾的那间餐厅暂时歇业后，现在搬到了上环。对于怀念张国荣的粉丝而言，感受到的遗憾等同于原本在铜锣湾，但后来搬到其他地方的《阿飞正传》中的皇后饭店所带来的一般。

我一路打探才找到搬至上环的那间餐厅，但去过之后，反倒产生了不如不去的想法。首先，那间餐厅所在的大楼十分难找，而且餐厅隐藏在很隐秘的地方，就跟电影《成为约翰·马尔科维奇》（*Being John Malkovich*，1999）中位于七楼半的公司一样难找。费尽千辛万苦找到的这间餐厅，若还保留原样倒也罢了，但过去有着很高的天花板且格调高雅的地方，如今已变成一间普通的餐厅。这里就是张国荣喜爱的那间"Fusion"餐厅吗？虽然我有很多问题想问，但在看到餐厅已无原貌后，便安静地闭上了嘴。

没有明星的星光大道

3月29日，万里晴空，仿佛不曾飘过雨一般。我为了看张国荣的星牌和纪念展来到位于尖沙咀的"星光大道"，星光大道的地面上镶嵌着众多印有香港明星手印和签名的星牌。与其他明星不同的是，唯有张国荣的星牌上没有手印，因为这条星光大道是在他走后才建成的。

　　位于星光大道的报亭式商店贩售着与张国荣有关的纪念品，其中最有趣的是一套可以自由更换各种衣服的纸人偶。张国荣从1999年到2000年，在中国、马来西亚、日本、美国等地举办了长达八个月的"热·情演唱会Passion Tour"，而这套纸人偶的设计正是源自这场演唱会。"热·情演唱会"的服装设计师让-保罗·高缇耶（Jean-Paul Gaultier）是《阿飞正传》和《春光乍泄》的头号粉丝，他为张国荣设计的舞台服装在当时引起了极大的轰动。据悉，这位设计师至此为止只为麦当娜和张国荣量身设计并制作过舞台服装。然而，当看到涂抹红唇、脚踩高跟鞋的张国荣穿着高缇耶设计的裙子登场时，口无遮拦的媒体开始大做文章，信口开河地说："张国荣终于出柜了。"

　　我站在星光大道，垂头看着他的星牌，周围一片嘈杂。早有耳闻刘德华在中国很有人气，果然游客们都聚集在刘德华的星牌周围；与之相比，张国荣的星牌周围则十分冷清。我转过头，背对着尖沙咀的美丽海景，望向纪念张国荣的展览。

星光大道上的张国荣纪念星牌。

1 2 报亭式商店贩售的张国荣纪念品。
3 4 纪念张国荣的展览。

　　离开星光大道后，我来到香港最大的唱片行"HMV"，店内布置了相当大规模的张国荣经典作品展区。我买了收录张国荣青涩模样的电视剧合集，回到饭店房间看起了《沙之城》（1981）。他在里头饰演一位可爱到让人忍不住想咬一口的小和尚，我笑了好一阵子。紧接着我又看了他主演的另一部电视剧《浣花洗剑录》（1978）——敢问有哪位男演员可以如张国荣一般散发着绝对的美，并穿梭于古装剧和现代剧之间呢？

　　在《浣花洗剑录》中，张国荣饰演的主角方宝玉中了敌人的毒。当敌人劝他如果不想死就投降的时候，方宝玉回了一句："死就死，我才不会屈服于你。"最后他在逃亡途中因无法忍受剧痛，一跃跳下悬崖。但他却奇迹般地活了下来，乔装打扮行走于江湖，并在再次现身于背叛者面前时大喊："你们没想到我还活着吧！"

　　就像常有传闻说，"猫王"埃尔维斯·普雷斯利（Elvis Presley）、李小龙和迈克尔·杰克逊（Michael Jackson）等英年早逝的巨星只是在世界的某个地方过着隐姓埋名的隐居生活一般，我也经常忍不住想，说不定张国荣也没有离开过。看着《浣花洗剑录》中，死而复生的他豪迈地大喊出那句台词，我的心里很不是滋味。我取消了当天的计划，待在房间里再没有出门。

如果那天一起唱那首歌

3月30日，我去了张国荣生前最后居住过、位于旺角嘉道理道32A（32A Kodoorie Avenue）的住处。虽说是巨星居住过的地方，但看上去却极为平凡。我突然想起《金枝玉叶》（1994）中，Sam（张国荣饰演）被困在电梯里的那场戏——高级公寓的电梯频频故障，着实惹恼了Sam，因此被困在电梯里的他怒喊道："喂！你们有没有搞错啊！我一个月缴给你们四千块，为什么还天天故障啊！赶快给我开门！我最讨厌被困在电梯里了！"

在狗仔队拍摄的照片里，经常可以看到嘉道理道——每年的4月1日，这里也会被白百合染成一片白色。据说到这里来的粉丝常"不由自主地想去按门铃"或是"好奇现在谁住在里面"。2003年，张国荣走后，唐鹤德和他们一起养的爱犬"Bingo"一直住在这里。

张国荣最后居住的房子。

Bingo是林青霞送给张国荣的狗，这是他养的第三只狗。现在回想起来，比起养猫，感觉张国荣更适合养狗。我曾见过他和Bingo的合影，Bingo似乎不喜欢拍照，一直东张西望。在张国荣身边还能表现得若无其事的"生物"，恐怕地球上也只有Bingo了。

2011年，Bingo死后，唐鹤德也搬离了旺角。据附近的邻居透露，唐鹤德经常会在晚上带Bingo出来散步。也许直到张国荣生前细心饲养的狼犬Bingo死后，唐鹤德才算是真正送走了张国荣吧？没有了唐鹤德，也没有了Bingo，我也该与这个能够怀念张国荣的地方告别了。

为了拍照，我在房子周围徘徊了半天，始终没有看见半个人影，只有一只面无表情的猫悠闲地经过。没过多久，只见远处走来一群香港年轻人，我心想他们看上去年龄都很小，怎么会知道这里呢？但很快地，我便看到他们手里拿着巨大的反光板和照相机，原来他们只是一群来拍摄的模特儿和摄影师。

一脸悲痛地出席张国荣葬礼的周润发。

　　我莫名地萌生出上前挑衅的冲动，想问问他们知不知道这里是张国荣曾住过的地方，但转念又想起了张国荣对房子并不执着的事实——众所周知，张国荣经常搬家。在访谈节目中，主持人也问过他为什么经常搬家，而他的回答是："我对家人和朋友很好，但对房子和物品没有感情。"张国荣很重视家人和朋友，但对物品则没有什么执念。

　　张国荣在幽静的富豪区浅水湾住过一段时间，那是一栋从大门到家还要走上好一段距离的豪宅。之后，他才搬到2000年后变得繁华热闹的旺角。他觉得无论自己住在哪里都会成为狗仔队跟踪的目标，因此没有必要过隐居的生活；加上如亲哥哥般的周润发也一直很担心他，并一再劝他搬到旺角，只不过讽刺的是，搬家后他的抑郁症变得更加严重了。

　　周润发和张国荣看似是大哥和幼弟的关系，但事实上，1955年出生的周润发仅年长张国荣一岁。张国荣在1989年12月的演唱会上，特别向观众介绍了周润发，称呼他是自己"尊敬的前辈和大哥"。

当时，周润发害羞的表情令我永生难忘。

极为害羞的周润发，因为"身为音痴"而没有坐在观众席中跟着大家合唱。我的脑海中交错浮现出那时他不知所措的笑脸和出席张国荣葬礼时的悲痛表情——他没有接受任何媒体的采访，一脸悲痛欲绝的表情，犹如整个世界都崩塌了。因为SARS，全体记者都佩戴了口罩，但周润发连口罩也没有戴。说不定他也很后悔，当年没有上台和张国荣一起演唱那首《当年情》吧。

965室695号

3月31日，我分别去了位于鲗鱼涌、曾举办张国荣葬礼的香港殡仪馆和位于沙田宝福山的灵骨塔。殡仪馆是举办葬礼的地方，从北角站或鲗鱼涌站出来，沿大路走到三岔路口就可以看到。从那里再过一条街区就是电影《无间道》拍摄屋顶场景的政府合署。

2000年4月19日，张国荣曾为出席梅艳芳姐姐梅爱芳的葬礼来过这里，然而三年后，他却如此冰冷地来到了这里。

我在电视上看到张国荣的出殡仪式。此时，在这里工作的人悠闲地倚靠的那根柱子周围，在葬礼当天则是堆满了百合花。唐鹤德被人搀扶着站在那里，周润发、钟楚红、梁朝伟、刘嘉玲和洪金宝等圈内好友都是一脸难以置信的表情，而聚集在附近的粉丝也都挥泪为他送行。

沙田宝福山是建在一座小山上的大型灵骨塔。从沙田站下车后，沿标示牌走10分钟左右，便可以抵达宝福山。由于有很多人会来祭拜张国荣，因此从入口到供奉张国荣牌位的地方干脆加设了一部电梯。张国荣的牌位供奉在宝禅堂965室695号，这两组数字很容易搞混，感觉就和"愚人节之死"的措辞一样。

走进965室，张国荣的照片首先映入眼帘，那张照片正是他出殡当天的遗照。

1 供奉张国荣与友人牌位的宝福山965室。
2 张国荣的葬礼。
3 开出殡仪馆的灵车。

在香港，供奉张国荣牌位的地方不只一处，他的家人在跑马地雅静的东莲觉苑也为他准备了一处安息之地。东莲觉苑的氛围隐秘，不适宜拍照，而宝福山则开放给粉丝，可随意拍照追忆他。

如果是不了解张国荣的人，一定会很好奇在他牌位左边的两个人是谁——他们分别是张国荣生前好友罗文和沈殿霞，三个人的牌位就像一家人般一起被供奉着。

1945年出生的罗文（原名为谭百先），有着"粤语流行音乐教父"的美誉。在谭咏麟和张国荣闪亮登场前的20世纪70年代，他以华丽的服装和舞台风范引领了香港流行音乐的发展。他不仅独揽当时的各大音乐奖项，还以香港歌手的身份首次登上了伦敦皇家阿尔伯特音乐厅和纽约林肯表演艺术中心的舞台。

罗文在舞台上男扮女装或是在杂志上刊登裸照，这在当时都是非常破格的尝试。张国荣在出道初期，曾被批判过于模仿罗文的唱法和风格，但之后张国荣摸索出自己的特色，两个人还成了忘年之交。

　　韩国人知道罗文是因为他翻唱了具昌模的《湿柴》（희나리），那首翻唱歌《几许风雨》还是《英雄本色》（1986）的插曲。罗文在1996年告别歌坛，于2002年10月18日因肝癌逝世，五个月后，张国荣也离开了；同年12月30日，梅艳芳逝世。大家都认为张国荣的离开带给了梅艳芳极大的冲击，但事实上，罗文去世的时间距离4月1日更近，想必罗文的离开也给张国荣带来了极大的冲击。

　　供奉于罗文与张国荣之间的人是香港的喜剧演员沈殿霞，她与罗文同岁，被人们昵称为"肥肥"。她以始终不变的发型和黑框眼镜塑造了自己特有的"肥肥"形象，并以访谈节目主持人的身份获得了极高的人气，人们将她视为"香港的奥普拉·温弗里"。她的前夫正是以电视剧《楚留香》而知名的郑少秋。

　　2008年2月19日，沈殿霞在长期与病魔抗争后逝世。她被安葬在加拿大本拿比市的科士兰墓园，但她与郑少秋膝下的女儿郑欣宜希望能在香港为母亲供奉牌位，于是她就成了张国荣的"邻居"。

2008年5月，供奉沈殿霞牌位的当天，到场的人除了女儿郑欣宜，还有罗文和张国荣的家属，以及张国荣的经纪人陈淑芬。有多少人想要得到张国荣旁边的位置呢？看到家属们欣然同意将三个人的牌位供在一起，便可知道他们的关系非比寻常了。

其实，在前往965室的途中我还有些难过，但在看到三个人的照片并排出现在眼前时，心里又变暖了。因为我相信在另一个世界，罗文依旧会以风度翩翩的姿态认真指点后辈张国荣，而沈殿霞也会以开心果的爽朗性格和笑容带给张国荣欢乐。

4月1日

4月1日，我决定前往位于上环荷李活道的文武庙为张国荣祈祷，唯有如此，我才能以虔敬的心度过这一天。文武庙的规模很小，不适宜久留，所以我在搭叮叮车（不知道为什么，这天我不想搭地铁）前往文武庙的途中，在湾仔和金钟下车走访了与张国荣有关的地方。

位于湾仔的华星冰室的外观与室内。

　　湾仔有一间挂有张国荣的照片和签名的茶餐厅"华星冰室"。在这间闹哄哄的茶餐厅里，除了张国荣，还可以看到许多其他艺人的照片和签名。我一边吃着非常油腻的法式吐司、火腿、炒蛋和叉烧通粉，一边望着张国荣的照片。茶餐厅并没有把他的照片挂在特别显眼的位置，而是和许多不知名新人的照片挂在了一起，仿佛他也是最近活跃在娱乐圈的艺人一般。华星冰室这样的无心之举，反而成了一种对他最大的关照。

　　从华星冰室出来后，我又搭叮叮车到金钟站下车。有别于站内一片红色的中环站，金钟站的蓝色瓷砖给人留下了深刻的印象。这里正是拍摄电影《缘份》最后一场戏的地方。

　　在1985年的电视剧《武林世家》中，青涩的张国荣与张曼玉默契地合作，他们两人曾合作过多部家喻户晓的作品，像是代表作《缘份》（1984）、《阿飞正传》（1990）和《东邪西毒》（1994）等。与后两部作品不同的是，张国荣在《缘份》中十分不忍失去张曼玉，在两个男人间难以抉择的Monica（张曼玉饰演）对Paul（张

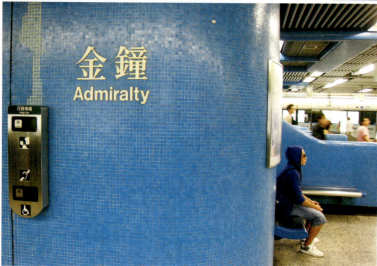

电影《缘份》中 Paul（张国荣饰演）为了证明与深爱的 Monica（张曼玉饰演）的缘分，徘徊在金钟站内。

国荣饰演）说："在末班车开走前，如果我们能在这么大的地铁站里重逢，就证明我们有缘，我们就可以在一起。"没能成功挽留 Monica 的 Paul 心急如焚，焦虑地在车站里徘徊，而在离开的 Monica 重返金钟站后，两个人仍不停地错过彼此。就在他们觉得缘分已尽、想要放弃时，最终又奇迹般地重逢了。

我一直觉得张国荣很适合红色、黑色或灰色，但金钟站的蓝色却给我留下了更深刻的印象。看过这部电影的人都知道，电影里出现了很多地铁站，可见这两个人为了寻觅彼此徘徊了多少个地方。

最后我在上环站下车，沿着荷李活道朝文武庙走去。荷李活道是《胭脂扣》（1988）、《蓝江传之反飞组风云》（1992）和《流星语》（1999）的取景地点，把这条路看作追忆张国荣之路也毫不逊色。

建于 1847 年的文武庙是一间有着悠久历史的道教宫观，院内供奉着武帝关圣帝君和文帝文昌帝君。

©김선태 Kim Seon-tae

无心恋世而离去的张国荣。

你越想知道是不是忘记了的时候，你反而会记得更加清楚。
我曾经听人说过，当你不可以再拥有的时候，
你唯一可以做的就是令自己不要忘记。

——电影《东邪西毒》中欧阳锋的台词

接踵而来的人们纷纷点燃螺旋状的盘香，向武帝祈求驱逐灾厄，向文帝祈求文运和官禄，因此院内总是烟雾缭绕。

文武庙内挂有写着捐主的名字和愿望的纸条。盘香长约8米，燃尽则需要5天的时间。为了自己与唐鹤德永远的友谊，张国荣也曾在这里上过香，那一刻的他，一定是以平静的心情憧憬着美好的未来。听闻，只要摸着关羽的那把青龙偃月刀许愿，愿望就会实现。除了与唐鹤德的友谊，不知道张国荣是否也曾摸着那把青龙偃月刀，为自己长久以来的导演梦许过愿呢？遗憾的是，愿望没来得及实现。

人们进进出出，在此处许下自己的心愿，而工作人员则头也不抬地一直清扫着掉在地面上的香灰。置身于此，很难察觉到时间的流动。就这样，我在与世隔绝的状态下度过了4月1日。

我突然萌生出想要为他写点什么的想法。盘香的气味承载着他的心愿扑鼻而来，我希望可以找寻他的始与终，并抚摸他留下的每一个痕迹。虽然我从未见过张国荣，但我希望通过追溯过去、以电影与他展开对话的那些时间，写下关于他的故事。这本书，就是这样开始的。

ESLIE CHEUNG

少年^幼

离 开 后 才 醒 悟 到 那 份 爱

我曾经说过，不到最后一刻
我也不知道最喜欢的女人是谁
不知道她现在在做什么呢

《阿飞正传》: *Days of Being Wild*，1990

张国荣走后，人们经常想起电影《阿飞正传》。电影里的阿飞（张国荣饰演）在咽气前说："我最想知道我一生中的最后一刻会看见什么，所以我死的时候一定不会闭上眼。"阿飞死后，电影的画面停留在漆黑大楼的铁门间所挂的一个指向晚上9点45分的白时钟。硕大的时钟与狭窄的入口形成反差，仿佛在说："就算阿飞死了，时间仍一如既往地流逝，就像什么事也不曾发生一般。"

在《阿飞正传》中，令人印象深刻的道具非时钟莫属。阿飞对苏丽珍（张曼玉饰演）说："看着我的手表，就一分钟。"当墙上时钟的秒针从2点59分指向3点时，阿飞又说："1960年4月16号下午3点之前的一分钟，你和我在一起。因为你，我会记住这一分钟。从现在开始我们就是一分钟的朋友，这是事实，你改变不了，因为已经过去了。"阿飞和苏丽珍，就这样开始了"一分钟"的爱情。

除了这具有纪念性的场景以外，在电影的好几幕中都可以看见令人印象深刻的时钟。苏丽珍工作的体育馆、皇后饭店，以及苏丽珍和警察（刘德华饰演）走在街上

在《阿飞正传》中登场的时钟。

看到的、挂在大楼门口的圆形时钟。《阿飞正传》借由时钟表达了对于流逝时间的怀念之情。

事实上，那个时钟并没有挂在电影中的体育馆，而是挂在位于中环的中国银行停车场入口处。岁月变迁，现在那里又多了一个红白相间的拦车杆。过去万籁俱寂的感觉因此彻底消失了，只有时钟还挂在那里。这里显然不是香港具有标志性的知名建筑，而且它位于皇后像广场附近更偏僻的地方。这个时钟是怎么被发现的呢？它不过是人们经由此地才会看到的极其平凡的时钟罢了。也许王家卫是想用它来表达真实世界的时间吧！

只是静静地看着，也会觉得很美好的人

自从阿飞得知自己被生母抛弃，是一个被领养的孩子以后，缺失与痛苦便填满了他的时间。阿飞因养母对自己隐瞒生母的身份而与之发生争吵，养母说："你就那么想找她吗？你找到她，很快就会忘记我。我就是要你恨我，这样你就不会忘记我了。"

距离这对母子稍远的地方，坐着阿飞的朋友（张学友饰演）与其女友咪咪（刘嘉玲饰演）。咪咪用黑猫牌（CRAVEN）香烟遮住一只眼睛，观望争吵中的阿飞和养母，烟盒上画有一只黑猫。与阿飞分手后，未能走出离别伤痛的苏丽珍学起了吸烟，而她吸的也是黑猫牌香烟。

这款名为"黑猫"的英国香烟在2005年与朝鲜合作并在平壤进行生产。据说，黑猫牌香烟成了朝鲜代表性的贿赂品。在英国旅行的时候，不吸烟的我也买过一包。

以小说《上海的狐步舞》而知名的上海作家穆时英，更直接以此款香烟的名字写了一篇名为 CRAVEN "A" 的小说，故事由一位男子在夜总会凝视一位无声地吸着黑猫牌香烟的女子展开。20世纪30年代，穆时英作为中国新感觉派的代表性作家，生动地描写了"Craven 'A' 的纯正的郁味从爵士乐里边慢慢儿的飘过来"的场景。

　　说实话，不吸烟的我尝不出香烟的味道，但我觉得同样是上海出身的王家卫导演，也许是想借由黑猫牌香烟，将小说描写的新女性形象投射在这些女演员身上吧？

　　再次回到《阿飞正传》，阿飞最终还是决定去菲律宾寻找生母。他在皇后饭店把这件事告诉了朋友，朋友很是担心，但阿飞却只是以朦胧且慵懒的表情望着咖啡厅的天花板——这是张国荣之前的电影中从未表现过的凄凉瞬间。身处皇后饭店的无脚鸟阿飞，想象着看不见的天空，做着展翅高飞的梦。

　　电影《花样年华》和《2046》中的"金雀餐厅"仍在原来的地方营业，但皇后饭店却在进入千禧年后关门了。就在我为了"又少了一处可以追忆张国荣的地方"而倍感失落的时候，听闻皇后饭店在香港多处重新开设分店的好消息。皇后饭店先在北角和太古城开了分店，之后在铜锣湾的利舞台广场18楼又开了另一间分店。

1 电影中的皇后饭店大门。
2 皇后饭店（北角分店）现在的大门。
3 电影中的电话亭。
4 皇后饭店内现在的电话亭。

北角的分店与电影里的皇后饭店最为相似，不仅窗边的窗帘颇为相似，墙上还挂有张国荣、张曼玉、张学友和王家卫等人的签名海报，店内还可以看到苏丽珍（张曼玉饰演）和警察（刘德华饰演）在卫城道相遇时的那座电话亭，而最重要的莫过于大门上写着的"Queen's Cafe"，其掉漆的字迹也和电影里的一模一样。

我对距离原来的皇后饭店不远的利舞台广场分店充满了期待，却在亲眼看到店内开放式的装潢后大失所望——除了地点在铜锣湾以外，根本感受不到电影里的氛围，且工作日午后的店内连一位客人也没有。就在我失望至极之际，我看见一张熟悉的面孔——李仁港导演，他曾经执导过张国荣在1999年出演的电影《星月童话》。

皇后饭店和李仁港导演，这个组合莫名地让人觉得很不搭，但也正因为如此，我感觉这更像是命运的安排。我当时激动的心情就像几年前毫无期待地走进文华东方酒店时，竟碰巧遇见张国荣的好友关之琳一样。

我高兴地跟导演打了声招呼，店里只有我和他两位客人，感觉就像是为了做独家专访而租下了皇后饭店似的。早前李仁港导演为宣传《三国之见龙卸甲》（2008）而来韩时，我曾采访过他，但也仅是一面之缘，所以我心想他肯定不记得我了。但我还是问他："我有采访过您，您还记得吗？我们聊了很多关于张彻导演的事。"李仁港导演笑着说他记得。之后，我们自然而然地聊了很多事情。（其实，我的英文不好，讲话一直结结巴巴。）

李仁港导演当然知道《阿飞正传》的皇后饭店，他还聊起了自己与张国荣有关的事："因为我喜欢拍摄《金燕子》和《报仇》的张彻导演，所以在成为导演后将精力都放在了动作片上。我觉得跟我最有默契的演员是出演《阿虎》和《三国之见龙卸甲》的刘德华，所以后来接到《星月童话》时，很多人都很担心我和张国荣的合作，但与他合作，反而让我获得了处理与以往不同的电影的机会。我原本是一个偏好快剪辑的人，但张国荣是那种静静地看着，也会觉得很美好的人，所以我没分镜，就让镜头一直跟随着他。

很多人都说《星月童话》是我个人作品中最引人注目的电影（笑）。当时，张国荣希望在戏中展现出最自然的一面，所以几乎都是素颜。他常常胡子不刮、头发不做就来片场拍戏，感觉像是对刻意包装感到厌烦了。"

躲藏起来的孩子

早在《阿飞正传》之前，张国荣就在谭家明导演的电影《烈火青春》（1982）中饰演过因缺乏母爱而内心受伤的青年。电影开场时可以看到赤裸上身、只穿着一条白裤子的Louis（张国荣饰演）躺在床上听着广播。

"各位听众朋友，我主持这个节目已经十年了。现在，我因为健康问题，要暂时离开。大家都知道，我最喜欢贝多芬的《第五交响曲》，借由这个机会，我希望再播一次，向各位朋友、我的丈夫和儿子告别。"向听众告别的DJ正是Louis的母亲，两年前她留下这个独生子便离开了世界。

　　Louis录下了母亲主持的最后一期节目，反复地听，一遍又一遍。

　　虽然现实生活中的张国荣不曾经历电影里的遭遇，但他在成长过程中也没有得到父母无微不至的爱。1956年9月12日出生的他，属猴，处女座，在10个兄弟姊妹中排行老幺。原本性格就很沉默的他，在家中更是少言寡语，家人都说在家中几乎察觉不到他的存在。就连张国荣自己也说，他在家中处在"很适合躲藏起来的位置，自己是一个有点奇怪的小孩，但又不像小孩。因为不爱讲话，周围的人根本不会注意到自己"。

　　在张国荣很小的时候，三哥、四姐和排行在他之前的九哥便相继夭折，因此他实际上拥有7个兄弟姊妹。巧合的是，夭折的九哥和他同一天生日，家人因此都把他的出生看作九哥的转世投胎。正因为如此，张国荣活在九哥的影子下，未能感受家人的关心与疼爱。他与大姐足足相差了18岁，和排在自己前面的八哥也相差8岁，由于年龄相差甚远，他只能像一座孤岛般地存在于兄姊之间。

　　张国荣的父母认为，通过孩子玩什么可以看出那孩子的家境，因此不允许他和同龄且家境差的孩子玩在一起，家佣六姐因此成了唯一陪他聊天的人。张国荣曾说："我小时候真的很不快乐。假使要我回忆一件快乐的事情，我真的什么也想不起来。"

　　虽然很难想象小时候的张国荣在家里没有存在感，但在他去英国留学前的照片中，真的很难看到他开心微笑的样子。

　　张国荣就读于位在跑马地半山腰上的玫瑰岗学校，而共同出演《东邪西毒》的梁家辉则是他的学弟，也就是说，东邪（梁家辉饰演）和西毒（张国荣饰演）是校友。我曾在八月酷暑的时候走访玫瑰岗学校，当我汗流浃背地来到学校门口时，就只看到了三四辆校车停在停车场。可能是放暑假的关系，我没有看到一位学生。我看到校门开了一条小缝，于是小心翼翼地走了进去，只见门卫面无表情地扇着扇子。

1 张国荣的母校玫瑰岗学校。
2 张国荣喜欢的演员莱斯利·霍华德（Leslie Howard）。

1
2

　　我在校园里逛了半天后，才意识到门卫没有拦下我的原因——因为校园里什么也没有，不仅没有告示牌，就连墙上也没有孩子们乱写乱画的痕迹。看来张国荣在这里度过了非常无聊的学生时代。

　　张国荣在这里就读不到两年，便留学去了英国，返回香港后才从另一所学校毕业。虽然把玫瑰岗学校看作他的母校有些牵强，但他在出道以后一直以校友的身份参加创校纪念和基金活动，由此可见他对这所学校的感情之深。

　　张国荣走后，曾任学校校监的神父写过追忆他的文章。据神父回忆，张国荣被昵称为"Bobby"，他在学校是一位很受欢迎的学生。

虽然他话不多，但体育很好，特别是打羽毛球打得很棒。如果他穿着短裤打羽毛球，很多女同学都会跑来围观。

可以说，到英国留学是张国荣人生的一个转折点，与其所选的纺织专业无关，他在英国对音乐产生了兴趣。如果他没有去英国留学，我们便不会遇到张国荣了。

张国荣在英国一边在亲戚经营的餐厅唱歌打工，一边培养对音乐的热爱。他因为喜欢《乱世佳人》中饰演郝思嘉（费雯·丽饰演）暗恋的卫希礼的"莱斯利·霍华德"，于是为自己取了英文名"Leslie"。张国荣曾表示，他很喜欢这个中性的名字。虽然我也重温过很多次《乱世佳人》，却都只将焦点放在克拉克·盖博和费雯·丽身上，后来是因为张国荣，我才注意到莱斯利·霍华德。可以肯定的是，张国荣从小就具有独特的眼光和审美观。

母亲走后才知情

张国荣能去英国留学，得益于母亲在背后的大力支持，遗憾的是直到母亲走后，叔叔才告诉张国荣这件事。在此之前，张国荣一直以为能去留学是多亏了希望他能继承家业的父亲，而也正因为母子之间缺乏交流，直到母亲去世后，他才从别人口中知道了真相。

1988年，张国荣曾和母亲一起生活了半年左右的时间。由于他在踏入演艺圈后习惯一个人生活，且母子间的感情原本就不深，因此两个人相处得一直都很拘谨、不自在。张国荣曾说："突然搬到一起生活，感觉非常陌生。虽然我努力尝试过要缩短彼此之间的距离，增进感情上的交流，但除了金钱和物质上的东西，我几乎没有什么是能为她做的。母亲似乎也和我相处得不是很开心。"

当时，张国荣的父母感情破裂，母亲因此罹患严重的抑郁症，而张国荣却无法抚平母亲的创伤，无能为力的愧疚感对当时的张国荣造成了极大的影响。

《烈火青春》中的Louis（张国荣饰演）是一位喜欢听日本流行音乐的青年，即使他与母亲的感情很好，也不会收听母亲主持的古典音乐节目。或许是出于愧疚之情，Louis才会一遍又一遍地听着母亲最后一次主持的节目。Louis抚摸着录有母亲声音的卡带时，也许是在后悔着应该再对母亲好一些吧？

在回忆母亲时，张国荣曾说过这样一段话："母亲走后，我想起了很多事情。比起留下了什么样的回忆，我觉得更重要的是母亲的存在本身。她生下了我，无论是开心的事，还是难过的事，很多事情都是来自母亲，所以我很感激她。"

彷徨的青春

《烈火青春》和《阿飞正传》之所以存在着相似之处，是因为《烈火青春》的谭家明导演既是王家卫导演最亲近的前辈，也是他的恩师。

谭家明和王家卫一起创作了《最后胜利》(1987)的剧本，而王家卫也曾提及这部电影与《旺角卡门》(1988)是成双的作品。

王家卫的老搭档——摄影师杜可风和美术指导张叔平都是谭家明介绍给王家卫的，而《烈火青春》的副导演正是日后与张国荣合作《胭脂扣》的关锦鹏导演，因此电影《烈火青春》可说是进入张国荣伟大电影世界的一个隐藏入口。

2002年，谭家明导演初来韩国，我们在那次采访中得知了很多趣事。在采访中，我问他："与您的出道作品《名剑》(1980)中的郑少秋和第二部电影《爱杀》(1981)中的林青霞相比，当时的张国荣几乎是一个新人，请他出演《烈火青春》的男主角不觉得是一种冒险吗？"

"我没有局限于张国荣早前的作品，或是对其存在固有的观念，我准确地捕捉他的优点，然后最大限度地让他发挥可能性和感觉。当时，张国荣拍电影的经验很少，所以我希望可以将他个人感受到的混乱反映在电影里。

《烈火青春》：*Nomad*，1982

《烈火青春》的英文名是'Nomad'，而这同时也是电影中出现的那艘船的名字，这艘船刚好与介于缺失的母亲和无法沟通的父亲之间的Louis对应上了。"

此外，谭家明觉得《烈火青春》的结局是一大遗憾。试图了解当时香港年轻人的想法，并以原貌呈现出来的他，希望最后一场戏可以在"Nomad号"上进行拍摄，但由于制作费不足，最后只好在海边进行拍摄。如果当时按照导演的想法来拍摄最后一场戏，说不定张国荣就能发挥出更加内敛的演技了。就这样，让张国荣施展内敛演技的任务之后成了王家卫和关锦鹏的责任。

谭家明仅剪辑过王家卫的两部电影：《阿飞正传》和《东邪西毒》。为了剪出像《阿飞正传》一般以张国荣为中心展开人物叙事的故事，王家卫再次拜托谭家明剪辑《东邪西毒》。《阿飞正传》和《东邪西毒》的人物构造极为相似——梁朝伟和张曼玉等人物来到张国荣的家中，在此稍作停留后默默离开，之后又因难以忘怀而返回原地。由此可见，张国荣就是王家卫电影这栋巨大房子的主人。

《阿飞正传》最后登场的赌徒（梁朝伟饰演）。

谭家明在提到亲手剪辑的《阿飞正传》时，也表示对最后一场戏感到很遗憾。《阿飞正传》的结局以突然登场的赌徒（梁朝伟饰演）的长镜头结束，激发了观众的好奇心。

"当时拍了很多梁朝伟的戏份。众说纷纭的最后一场戏，其实是想把赌徒和阿飞的故事融为一体，但拍完一看，觉得没有赌徒也可以，所以我和王家卫决定把赌徒的故事整个剪掉。但合约上要求必须要有梁朝伟出场的戏份，因此如果连最后一场戏也剪掉，就等于是违约。思前想后，才把那场戏加在了最后。本来当时还打算拍《阿飞正传》的续篇，所以大家觉得这种结束也不错。结果却没拍成。"

此外，谭家明回忆说："剪辑《阿飞正传》时，再看到的张国荣彻底变成了另外一位演员。最初，我对王家卫请张国荣出演主角很是疑惑，因为他在之前的《旺角卡门》中与刘德华和张学友的合作很精彩，而他在看过我拍的《杀手蝴蝶梦》（1989）之后也非常关注梁朝伟。

况且在当时，张国荣是人气歌手，比起演员，他更接近于歌星。正因为如此，我才感到很诧异，为什么他要抛开刘德华、张学友和梁朝伟，而选择张国荣呢？但在剪辑的时候，我彻底被张国荣的演技震慑住了。我似乎明白了为什么王家卫会被他迷住。"

阿飞的秘密

通过采访谭家明，我们得知了《阿飞正传》最后一场戏的幕后故事。但至今仍有一个未解之谜，那就是主角"阿飞"真的是出于对生母的思念之情，才如此放浪不羁吗？

1961年4月12日，阿飞为了见生母来到菲律宾，但生母不肯露面。阿飞走出生母家的时候下定决心，既然她不给我机会，我也一定不会给她机会。利用稳定器拍摄的这场戏，缓慢地呈现出阿飞孤独的背影。

针对这场戏，王家卫曾说："我想呈现一只想飞却又疲惫不堪的鸟的感觉。"

有趣的是，王家卫在电影中没有让阿飞见到生母的长相。虽然阿飞的生母已经上了年纪，但看起来还是一位很有气质的印度或东南亚某国家的女性。虽然电影没有讲明她为什么抛弃儿子，但可以肯定的是，阿飞是一个混血儿。

这部电影的背景设定在20世纪60年代——第二次世界大战后，许许多多的混血儿出生，无论男女，大部分的人都从事娱乐行业。阿飞存在性格缺陷的原因中，除了缺少母爱以外，混血儿也成了一个与生俱来的因素。

由此看来，阿飞的养母可以说是一个善良的人。因为就算她与阿飞发生争吵，再怎么生气，也没有提及阿飞是混血儿一事，更没有蔑视过阿飞。也许小时候的阿飞曾因外貌与众不同，而被同龄的孩子戏弄，但养母却从未暴露过自己的身份，始终装作是他的亲生母亲。

我不禁对这位养母产生了怜悯之情。也许是出于这种原因，导演才会用特写镜头拍下她最后在露台上既优雅又美丽的姿态。

我想任何人都曾遇过这种情况吧？即使跟恋人发生争吵以至于原形毕露，但在某一瞬间还是会因为礼仪和自尊心而不去触碰对方的底线。虽然养母没有给予阿飞完整的爱，但她自始至终都很遵守礼仪。

阿飞的生母也是同样的想法吧？她在阿飞到菲律宾登门时没有露面，然而，就算是自己抛弃的儿子，她也会好奇孩子长大后的模样，但她还是为了儿子而躲藏起来。我上了年纪以后，重温《阿飞正传》便理解了她的心意。饰演阿飞生母的蒂塔·穆尼奥斯（Tita Muñoz）是菲律宾的著名演员，巧合的是，2009年4月11日，也就是4月1日之后又过了十天，这位80岁的演员逝世了。（我承认，粉丝就是会在心中把所有事情都与张国荣连在一起。）

我又想到一个人物。电影的前半部，阿飞狠狠地殴打了养母的男朋友。怒火中烧的阿飞用铁锤威胁他，不许他再见养母，还用铁锤砸碎了脸盆。那位遭受威胁的演员名叫达尼洛·安图内斯（Danilo Antunes），也是一位外籍"混血"演员。除了《阿飞正传》以外，再也找不到他的其他作品。

我听别人说这世上有一种鸟是没有脚的，
它只能够一直地飞呀飞，飞累了就在风里面睡觉。
这种鸟一辈子只能下地一次，
那一次就是它死的时候。

——电影《阿飞正传》中阿飞的台词

我认为阿飞想要用铁锤砸毁的不是别人，而是他自己。也许阿飞蔑视那个男人，会用铁锤威胁或行使暴力，不光是因为他被女人包养，而是因为阿飞在他身上看到了自己想要极力否认的出身，以及和他一样的未来。

王家卫的上一部电影《旺角卡门》中的阿华（刘德华饰演）和乌蝇（张学友饰演）一直被人欺负，因为他们都是从调景岭到旺角来的乡下人。电影中的张曼玉也是一位来自偏僻的大屿山的乡下女子，她在《阿飞正传》中饰演的苏丽珍也同样是一位来自澳门、纯真地说自己喜欢到香港坐缆车的女子。从这些人物可以看出，王家卫在早期的作品中想要表达的是异乡人的凄凉，而张国荣通过与他的合作，成为一种虚无、孤独人生的象征。

《阿飞正传》中的"无脚鸟"，让我联想起了伊塔洛·卡尔维诺（Italo Calvino）的小说《树上的男爵》（*Il Barone Rampante*）。小说的主角柯希莫在12岁那年决定爬到树上，并发誓永远不再重返地面。

如果说阿飞的孤独根源是"缺少母爱"，那么促使柯希莫下定决心爬到树上的动机则是"对于父亲的幻灭"——柯希莫是在与以父亲为首、象征着权威性，并且与时俱进的贵族社会抗衡。

就像死时才落在地面的无脚鸟一样，柯希莫死后才返回地面。柯希莫的墓碑上写着这么一句话："生活在树上，始终热爱大地，升入天空。"阿飞的人生想必也是如此。

温暖的幻想

想到张国荣与母亲的关系时，我又想起了一部与母子关系有关的电影。在张国荣出演的作品中，这部电影最让人充满幻想——如同《阿飞正传》，刘国昌导演的《蓝江传之反飞组风云》的时间背景也设定在20世纪60年代。电影讲述了专门对付作奸犯科的青少年的探长蓝江（向华强饰演）追查公寓命案的故事，张国荣在戏中饰演不良少年的老大荣飞。（当时，张国荣已经三十多岁了。）虽然荣飞和《阿飞正传》里的阿飞名字里都有一个"飞"字，但他们的年龄、性格和成长环境却大不相同。

《蓝江传之反飞组风云》中的蔗汁店——公利真料竹蔗水。

《蓝江传之反飞组风云》开场时，因性格耿直、倔强而遭同事排挤的探长蓝江，找到了不良少年的老大荣飞谈话，而荣飞当时正与他的朋友们聚在蔗汁店门口，无所事事地打发着时间。这场戏的拍摄地点在位于上环的一间蔗汁店"公利真料竹蔗水"。

我到"公利真料竹蔗水"时看见入口、墙壁的瓷砖和柜台一侧的相框都和电影里一样时，开心极了。我走访过很多张国荣电影的取景地点，但至今为止，这里是唯一一处保留原貌的地方。

荣飞有一个女朋友叫小敏（周慧敏饰演），两人在家里热吻时，被债主一路追赶的母亲（叶德娴饰演）突然破门而入。虽然她看到了儿子的女朋友，却连人家叫什么名字也没问，直接嘱咐儿子说："如果有人找上门，就说我不在。你们继续。"说完，她便躲进另一间房间。债主找上门后，荣飞习以为常地帮母亲还了债。

《蓝江传之反飞组风云》的荣飞不同于《阿飞正传》的阿飞，他是一个肯帮母亲还债的善良儿子。

一场骚乱过后，躲进房间的母亲才走了出来，她把儿子的女朋友打量了半天，然后向儿子伸手说："家里来了客人，晚饭要招待一下人家。给我点钱，我去买菜。"

虽然荣飞的母亲总是闯祸，但她却是张国荣所有电影中最有感情、最温柔的母亲。她被债主追赶，搞得浑身都是红油漆，却还是会无所谓地说："别担心，等我多赢几盘麻将就能赚回来。"然而荣飞也还是会一边抱怨，一边温柔地用湿毛巾帮她擦油漆。

饰演荣飞母亲的叶德娴是张国荣很尊敬的歌手兼演员。张国荣曾翻唱过叶德娴的《明星》，梅艳芳也在2003年最后一场演唱会上演唱过这首歌。在2012年的香港电影金像奖上，叶德娴时隔多年地再次演唱了这首歌，她在唱起这首歌的时候也会想起张国荣吧？

现实生活中，张国荣和母亲吵过架吗？拍《蓝江传之反飞组风云》的时候，即使每天都要帮惹是生非的母亲收拾残局，但张国荣是否也希望有一位这样和他感情深厚的母亲呢？

失去母亲后，便成了父亲

在某次采访中，张国荣谈到过世的母亲时，说了这样一番话："直到最后，我们都尽了全力，所以不会后悔。我相信因果关系。母亲走的前几年，我们才意识到需要彼此，但为时已晚，我们始终没有建立起亲密的母子关系。我们未能改变我们之间的宿命。我们没有办法。"

我们总是在错过时机后才有所领悟，但一切都为时已晚。人类之所以愚蠢，是因为不懂得珍惜。也许对张国荣而言，一生未能感受到的母爱和母亲的离开，成了他无法被治愈的创伤。

　　母亲去世后，张国荣在出演的电影《流星语》中，首次饰演了一位慈祥的父亲。或许这是他为了填补那份缺失而做出的努力吧？在《流星语》之后的作品中，我们很难再看到他灿烂的笑容了。

ESLIE CHEUNG

追忆 ^追

另 一 个 人 ， 另 一 种 记 忆 ， 同 样 的 心

◤小倩，你要好好地做人
我会永远记着你的

《倩女幽魂》: *A Chinese Ghost Story*，1987

宁采臣（张国荣饰演）怕被妖怪发现而躲进了浴盆，随后聂小倩（王祖贤饰演）嘴对嘴为他送气入水的那场戏不知迷住了多少人。看到聂小倩解开自己的衣服，慢慢进入水中，我又害羞又羡慕地想着："张国荣一定看到王祖贤的胸部了吧？"岁月流逝，通过《倩女幽魂》制作过程的报道得知真相以后，我感觉被背叛了。事实上，王祖贤在那场迷人的戏中穿了一件裸背的泳衣。

即使没有王祖贤的入浴戏，《倩女幽魂》在当时也是一部令人震惊的作品。对于那些以为香港的古装片只有《蛇形刁手》（1978）和《醉拳》（1978），或是穿着清朝服装蹦来蹦去的僵尸的人们，《倩女幽魂》可谓是一种前所未有的全新体验；而张国荣和王祖贤这对俊男美女也为人们带来了视觉上的冲击，使得张国荣成了男生们爱憎的对象。虽然大家常指责他在《英雄本色》中是一个不体谅哥哥且不懂事的弟弟，但其实大家都只是在嫉妒他那眉目如画般的美貌。

在《倩女幽魂》中，张国荣不是一位勇敢无畏、击退敌人的英雄，而是一位从没跟人打过架的书生，因此每次遇到危险时，都要靠聂小倩出手相救；张国荣清秀的脸蛋、纯情的眼神，会激发对方想要保护他的本能。张国荣无法模仿发出经典叫声并挥舞双节棍的李小龙、酒后施展醉拳的成龙、双枪侠周润发或刘德华。总而言之，张国荣就是一个束手无策、只能守在原地的人。若非要找出一个别人无法模仿他的特长，大概就是《阿飞正传》中的曼波舞了，或许正因为如此，张国荣才会给人一种既近又远的距离感。

"哥哥"是大家给张国荣的昵称，"哥哥"的广东语发音听起来更加可爱。对香港人而言，哥哥意味着年轻、亲切的男生，或是青春期暗恋的美少年和纯情漫画里帅气十足的王子。据说，这个昵称的由来是因为王祖贤在拍摄《倩女幽魂》时，一直称呼他为"哥哥"。

无法超越

20世纪80年代末，随着《倩女幽魂》（1987）和《英雄本色2》（1987）在韩国上映，韩国随即掀起了一股香港电影热潮，之后一直到让男生们下定决心毕业后要买一辆机车、由刘德华主演的《天若有情》（1990），香港电影的全盛时代一路持续到了20世纪90年代中期。

那时候，几乎所有的初高中男生都会在上课铃声响起时，一边默念"输赢并不重要，没人能赢得全世界"（出自《喋血双雄》），一边悲壮地拿出课本；下课后嘴里叼着火柴，在走廊里走来走去（出自《英雄本色》），还会把玩具枪放在书包里。我上学的时候，也会把《英雄本色》最后一场戏中，宋子杰丢给哥哥宋子豪的"史密斯-韦森M29"，以及周润发藏在身上的"伯莱塔M92F"放在书包里。现在想来，当时老师检查书包，同时翻出便当和手枪的时候，确实会觉得很无语。

借助香港电影的人气，王祖贤经常来韩国宣传电影。在韩国SBS电视台的节目《朱炳进SHOW》（주병진쇼）中，主持人曾问她："您演过那么多鬼片，相信真的

有鬼吗?"在韩国MBC电视台的节目《日晚》(일요일 일요일 밤에)中,她还和林白千、李敬揆一起表演过情景喜剧——王祖贤提着写有"扬子江"字样的铁皮外卖箱去送外卖,在听到林白千说"等我吃完了,你再来取碗吧"之后,王祖贤便像聂小倩一般甩了一下衣袖,用韩语回了一句:"知道了。"那一幕给人留下了深刻的印象。

《倩女幽魂》之后,王祖贤接连出演了《画中仙》(1988)中藏身于画中的仙女、《魔画情》(1990)中要嫁给血魔的女鬼、《灵狐》(1991)中的九尾狐和《青蛇》(1993)中修炼千年的白蛇。她饰演的角色都不是人而是鬼,因此维持了很久超越时空的梦中人形象。

王祖贤的出现让以李翰祥导演为首的邵氏兄弟电影公司(Shaw Brothers)带动了影院的复兴。王祖贤和张国荣出演的《倩女幽魂》(程小东导演)翻拍自李翰祥导演在1960年执导的《倩女幽魂》。在香港的电影导演中,以武侠电影闻名的导演有胡金铨、张彻和李翰祥,但张国荣更喜欢李翰祥导演,从这一点便可以看出张国荣的喜好。

在《英雄本色》中，饰演宋子豪的狄龙出演过张彻导演的多部作品，但有趣闻称，张国荣因为没看过他的电影，所以初次见面时两个人都略显尴尬。

2011年，古天乐、刘亦菲和余少群主演的改编版《倩女幽魂》上映，同一时段，张国荣和王祖贤主演的《倩女幽魂》也重返各大影院。程小东导演借此机会和观众有了一次对谈的机会，而香港的电影杂志也刊登了相关的报道。张国荣在生前的多次采访中提到，《倩女幽魂》可说是他拍过的电影中最辛苦的一部作品。除了因为拍摄期间正逢梅雨季，张国荣自身的欲望和热情也成了其中的原因。据程小东导演回忆，在拍摄宁采臣和聂小情的爱情戏时，张国荣因为充满热情、入戏太深，还问了他这样一个问题："导演，不如把裤子也脱掉吧?"

执导2011年改编版《倩女幽魂》的叶伟信导演在韩国完成了电影的后期制作，因此我有了机会采访他。叶伟信导演也承认，在亚洲没有可以媲美张国荣的演员，因此原封不动地翻拍1987年版的《倩女幽魂》实属一件无谓之举。

《倩女幽魂》中天真烂漫且充满正义感的书生"宁采臣"。

　　出于此原因，他大量缩减了饰演宁采臣的余少群的戏份。叶伟信说："没有人可以超越张国荣饰演的宁采臣，我也没有想要挑战的念头。饰演宁采臣的余少群也感到很有压力，我告诉他宁采臣不是主角，劝他放宽心。"

　　2011年翻拍的《倩女幽魂》邀请了古天乐出演旧版本中由午马饰演的道士"燕赤霞"，并将其设定为主角。叶伟信导演提到，在1987年的《倩女幽魂》中，当宁采臣和聂小倩重逢时，燕赤霞尴尬地站在一边，然后便悄然离去。那个场面令他印象深刻，因此他发挥想象力，觉得也许燕赤霞也很喜欢聂小倩。

　　在采访过程中，我又了解到一件事：原来当年二十出头的他刚踏入电影圈，就进了《为你钟情》（1985）的剧组，当年是由香港最知名电影公司之一的"新艺城"担当制作并发行这部电影。我因而有机会听他聊了一些关于张国荣的事，在叶伟信导演的记忆中，张国荣是一个很开朗、亲切的人。

他说："光是看到大明星站在我面前就很神奇了。张国荣对初次见面的人也很亲切，会称呼对方哥哥或姐姐。说来羞愧，虽然我在摄影组，但其实只是帮忙做一些杂务，但他对我也很亲切。"叶伟信导演还补充道："香港人在心中都很挂念他。虽说是否接受新版的《倩女幽魂》是观众的自由，但能想着张国荣拍摄这部电影，这件事本身对我的意义就很重大。"

出于这种原因，叶伟信导演在电影的最后加入了"怀念张国荣"的字幕和他演唱的主题曲。这部电影是我在那一年看过的所有电影中，唯一一部坐到最后看完谢幕字幕的电影。

总是让人心疼的弟弟

《英雄本色》中也出现了可以媲美宁采臣甜美微笑的画面。哥哥宋子豪（狄龙饰演）在去台湾前，到警校看望弟弟宋子杰（张国荣饰演）。

正在上课的弟弟看到远处的哥哥，立刻像一只迷路后与主人重逢的小狗，绽放着笑容狂奔而来。因为我是独生子，所以很难想象见到哥哥时的开心心情，而那个场面也让我产生好奇，现实生活中的张国荣和家人见面时是什么表情呢？虽然子杰笑脸相迎的这场戏是在为之后的兄弟矛盾铺路，但我想现实生活中的张国荣在跟人打招呼的时候，一定也会展露出同样的笑容。

《英雄本色》系列是首次为张国荣蒙上死亡阴影的电影。电影开场时，子豪做了一个弟弟子杰中枪倒地的噩梦。从那时起，子豪便准备脱离组织，他担心立志成为警察的弟弟会因自己而送命。从这一点来看，两部《英雄本色》可说是围绕着"子杰之死"画了一个圆，讲述了哥哥想要守护弟弟的决心逐渐在困境中走向崩溃的过程。为了完成这个故事，电影略显荒唐地出现了小马哥（周润发饰演）的双胞胎弟弟阿Ken（周润发饰演），但《英雄本色》系列的主轴最终还是子杰（张国荣饰演）。吴宇森导演在《英雄本色》中，最初一镜到底的场面不是枪战戏，而是子杰和子豪在父亲病房外像情侣一般嬉我是警察，他是贼。

在法律上，我们走的是两条路。

——电影《英雄本色》中宋子杰的台词

笑打闹的戏。在这场戏里我们可以看到慢镜头下天真烂漫的张国荣。

《英雄本色》系列是犯罪动作片，因此片中的人物经常会受伤、流血。子杰在片中多次中枪，而哥哥子豪也为此三次前往医院探望弟弟——在第一部中，他到医院探望执行任务时受伤的子杰；在第二部中，他抱着被自己开枪击中的子杰跑到医院；最后，在阿Ken把已经死去的子杰送到医院后，他才泪流满面地赶到医院。

时隔18年的2006年，饰演宋子豪的狄龙为拍摄《我的老婆是大佬3》（조폭마누라3）来韩国。我拜托在成龙率领的"成家班"里学艺的韩国人朴贤镇，以及与他关系要好的前辈、同为出演《我的老婆是大佬3》的香港演员卢惠光，才成功采访了狄龙。（卢惠光也是知名的武打明星，曾与成龙一起出演过多部作品。原本策划该场采访是以他为中心的，这让我感到很对不起他。）

年轻时的狄龙浓眉大眼，一身结实的肌肉散发着强烈的男性魅力。

1 狄龙。
2 3 4 在《英雄本色》中展现炙热兄弟情的张国荣与狄龙。

2
3
1 4

他与最佳搭档姜大卫共同出演了张彻导演的《保镖》（1969）、《报仇》（1970）、《大决斗》（1971）和《刺马》（1973）等多部脍炙人口的作品。张彻导演曾表示，他想通过电影表达的男性魅力的原型正是狄龙。

在接受采访前，狄龙先陪太太去明洞购物了。我始终忘不了他和太太走进饭店大厅时的样子——他的太太戴着太阳眼镜走在前面，而狄龙则双手提着购物袋跟在后面。看到我心中永远的英雄、最了不起的"男子汉"对太太百依百顺的样子，我在感到惊讶的同时又觉得很有趣。

当我在采访中提到张国荣时，狄龙显得非常难过。拍摄《英雄本色》时，狄龙已是褪去昔日荣光的老演员。曾担任张彻副导演的吴宇森邀请他出演《英雄本色》的主角，这在当时看来是一个非常冒险的决定。"当时，很多人觉得我和张国荣看起来不像兄弟。国荣本来就长着一张稚嫩的脸，所以我们看起来年龄相差很大，但当时我只能尽最大的努力来诠释这个角色。"

回想起张国荣，狄龙也提到了他的平易近人。"其实，当时我不太习惯演现代剧，穿西装演戏让我觉得很不自在，所以我在现场总是处于很紧张的状态。国荣就像亲弟弟一般过来陪我聊天，这才让我放松了很多。过去从来没有人夸奖过我的演技，但大家在看过《英雄本色》之后，都对我的演技给予了好评。这都要归功于国荣。"事实上，狄龙凭借《英雄本色》获得了台湾金马奖的最佳男主角，这是他时隔近十五年再次获得的主角奖。

香港电影迷一定会记得张国荣和狄龙再度合作的《流星语》。在这部电影中，狄龙饰演在李兆荣（张国荣饰演）居住的社区巡逻的警察"龙sir"。当心爱的女人不幸身亡后，伤心欲绝的龙sir找到李兆荣，并像个孩子似地趴在他怀里哭得痛不欲生，而李兆荣轻拍龙sir肩膀时的表情令人觉得无比温暖。在这部电影中，两个人的关系和角色刚好与《英雄本色》相反。最终狄龙凭借《流星语》获得了香港电影金像奖的最佳男配角。

如此看来，狄龙和张国荣合作过的作品都曾获奖，也许正因为如此，他才忘不了《英雄本色》中可爱的弟弟子杰。据说张国荣走后，狄龙有很长一段时间都不接电话，闭门不出。

无处可寻的电话亭

在《英雄本色2》中，我最想去的取景地点是子杰最后打电话给妻子的那座电话亭。至今为止，我走过诸多香港电影的取景地点，大多数都很好找，但唯独一直没找到这座电话亭。我甚至想过要租一辆车找遍整个九龙半岛的山路。2009年，《赤壁：决战天下》在韩国上映时，我采访了吴宇森导演，却忘了问他电话亭的事，这成了我人生中的一大遗憾，但我没有忘记在采访中问有关张国荣的事情。

提到张国荣，吴宇森导演沉默良久。我知道他难以开口的原因——子杰的死只是电影中的一个设定，但他却是拍下整个过程的人，而15年后的张国荣，也正是被送到了子杰死后被送往的玛丽医院。吴宇森告诉我，他很怕重温《英雄本色2》。

"在《英雄本色2》里可以看见子杰的葬礼和画的遗照。观众已经知道子杰死了，所以其实没有必要让观众看遗照，但我当时没多想就加进去了。虽然不是照片，但当时的张国荣看到自己的遗照是什么心情呢？这么多年过去了，每次想起那时候，我都觉得很对不起他。"

1 执导拍摄《英雄本色》系列电影的吴宇森导演。
2 《英雄本色2》中宋子杰（张国荣饰演）的遗照。

© Cine21

　　我最近偶尔也会重温《英雄本色2》，希望可以知道电话亭的所在地。只要是张国荣的粉丝，在观看他和妻子讲电话的那场戏时一定会潸然泪下——子杰听到女儿的体重有"六磅三盎司"（约等于2.8公斤）时，开心地笑了，妻子还说，女儿的眼睛长得很像他。已经奄奄一息的子杰硬是转过头，将这些话一字一句地转达给阿Ken（周润发饰演），子杰的样子实在太张国荣了，而在一旁明明可以听到话筒里声音的阿Ken也只是静静地聆听，那样的阿Ken也实在太周润发了。

　　妻子让子杰给女儿取名字，子杰毫不犹豫地说："宋……浩然。"想必他事先去过取名字的地方或是早就想好了。伴随着子杰的倒下，《英雄本色2》的主题曲《奔向未来日子》响起。

大哥，我们两兄弟，

他相信一个就够了。

开（枪）啊。

——电影《英雄本色2》中宋子杰的台词

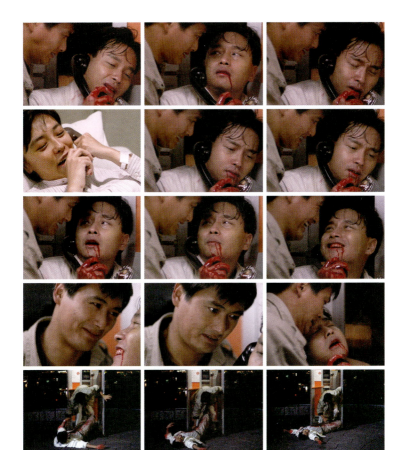

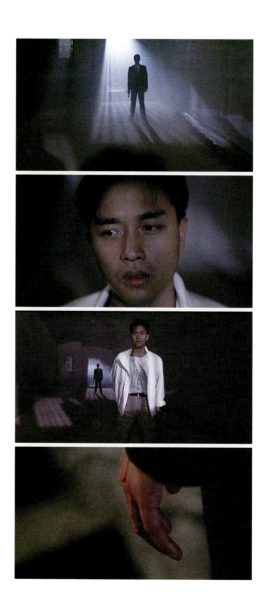

"无谓问我一生的事，谁愿意讲失落往事。有情无情，不要问我。不理会，不追悔，不解释意思。"

话说回来，我很好奇一件事——那个眼睛长得很像宋子杰的宋浩然会有多美呢？

如果是张国荣的宋子杰

《英雄本色2》中，从子杰被顶尖职业杀手击中的画面中便可以感受到吴宇森导演倾注的细心。身陷困境的子杰最终还是给了对方"致命的一击"。子杰被枪击中并艰难地逃离现场后，吴宇森通过面无表情的杀手的手臂所流出的一道血展现了这一点。杀手没有死，而且也不是一个重要的角色，这一细节很容易被忽略。但吴宇森表示，这场戏其实暗含了很大的意义。

"我不想只展现子杰悲惨的死。张国荣做任何事都很认真，是一个完美主义者。如果张国荣是宋子杰，他肯定会从第一部中的懵懂少年成长为第二部中的优秀警察。"吴宇森以那三秒钟的特写向子杰之死表示了敬意，真不愧是吴宇森导演。

　　如此看来，《英雄本色2》为张国荣带来了很多的
"第一次"。他在这部电影里第一次迎来死亡，也是第一
次扮演成为人父的丈夫（当然，他没有见到女儿的最后
一面）。在张国荣的所有电影作品中，他只在《英雄本
色2》和《纵横四海》（1991）这两部电影中饰演过有妇
之夫，而这两部都是吴宇森的电影。难道这位身为香港
电影圈的"大叔"，是对没有结婚想法的张国荣感到惋惜
吗？张国荣视吴宇森为兄长，经常找他聊人生，说不定
吴宇森也曾催促他结婚。当我感受到吴宇森对张国荣的
离去有多伤心时，心中不免一阵痛楚。

ESLI CHEUNG

虚无 虚

独 自 未 变 , 却 成 了 独 自 一 人

不行
说的是一辈子
差一年，一个月，一天，一个时辰
都不算一辈子

《霸王别姬》：*Farewell My Concubine*，1993

若要在张国荣的电影中选一部最为赤裸地刻画人世间虚无的电影，那我会选《胭脂扣》，《胭脂扣》结合了西方的《罗密欧与朱丽叶》与东方的《聊斋志异》。《聊斋志异》是中国的一本奇书，书中涵盖了借由各种鬼神与灵魂展现的东方式想象力，而《倩女幽魂》正是这本书的其中一个故事。《胭脂扣》中也有亡魂登场，富贵人家的太子爷十二少（张国荣饰演）与倚红楼的名妓如花（梅艳芳饰演）坠入爱河，并因家中的反对而决定一起殉情自尽，而如花正是这部电影的主角。虽然他们一起吞食鸦片自尽，却只有如花独赴黄泉，十二少获救后活了下来。如花在阴间苦等了情郎五十余载，最后决定回到阳间寻访十二少，她来到报社（《华侨日报》）恳请记者袁永定（万梓良饰演）刊登寻人广告。

在这部电影中，可以看到贯穿香港北部东西区域的叮叮车。袁永定上了开往石塘咀的叮叮车，无家可归的如花也跟着他上了车。如花从与袁永定的对话中得知，她在阴间的这些年，次子十二少在陈家的长子死后继承了家业。

他们聊天的时间，似乎刚好是叮叮车从报社所在的上环到石塘咀的这段时间。

《胭脂扣》的主要舞台是20世纪30年代和1987年的石塘咀。十二少是位于石塘咀最大规模的南北行海味店的太子爷，正因为这种身份，十二少的母亲才会用蔑视的眼神上下打量登门拜访的如花。十二少靠在窗边，俯视饱经屈辱后搭着人力车离去的如花，他面带忧郁的神情令人难忘，仿佛会在如花消失在视野后立即跳窗追赶过去一般。

　　十二少与如花交往时曾提出想学粤剧，对他而言，和如花在一起是一件非常放纵自我的事情。正因为如此，他开始挑战过去不敢尝试的事。如花将十二少介绍给戏班后，他从为师父按摩到倒痰盂，什么杂务都做，之后才有了登台的机会。然而，他得到的角色不是《霸王别姬》里的"虞姬"，而是众多兵将中的一个小兵。十二少紧张地上台，却没料到自己的父母和与自己订有婚约的表妹淑贤就坐在台下，十二少因此一脸"我是谁，这是哪里"的表情，看上去痛苦不已。

　　我去过一次位于北角的新光戏院，那里是香港一间唱粤剧的戏院。我在戏院的海报间寻找着"胡不归"三个字。

胡呀胡不归，胡呀胡不归。
杜鹃啼，声声泣血桃花底。
太惨凄，太惨凄。
杜鹃啼，堪嗟叹人间今何世。

——电影《胭脂扣》中十二少所唱的《胡不归》歌词

1　2　让如花觉得如同岁月之墙的高架桥和当年倚红楼的所在地。

3　位于石塘咀的高架桥，比电影中更显高大。

4　曾是倚红楼的地方，如今变成了餐厅。

1 2
3 4

《胡不归》是《胭脂扣》中，十二少去戏班面试时唱的曲目。果不其然，我没有找到，但就算找到了，恐怕我也听不懂。

如花和十二少无力面对现实，最终决定殉情自尽，他们约定在来生3月8日的11点相见（这就是电影中"3811"的意思），重逢的地点则是他们初次相遇的倚红楼。袁永定陪如花来到倚红楼，如花呵呵笑地说："倚红楼变成幼稚园了。"再往上看，出现了一座仿佛可以遮住蓝天、又高又大的高架桥。由此可见，光阴似箭，转眼已是数十载。

我来到片中位于石塘咀的倚红楼时，那里并不是幼稚园，而是变成了一间餐厅。我没有模仿如花呵呵笑地对同伴说："倚红楼变成餐厅了。"但我可以隐约感受到片中如花的心情。高架桥比电影里看到的还要高大。虽说如花已是女鬼，但她也是一个平凡的女人，眼前高可遮天的高架桥在她眼中，就像是一堵岁月之墙。

如花在仰望高架桥时，是否就有预感再也无法与十二少相逢了呢？

如花在阴间等待十二少的这段时间，独自活下来的十二少最终还是娶了表妹淑贤，继承了家业，但他似乎也过得很不幸福。儿子没好气地说他挥霍了祖父留下来的财产，片场的临时演员也说他总是吹嘘自己是南北行海味店的太子爷。从周围人们的言语中可以揣测十二少在失去如花以后，一直过着彷徨的人生，但他始终没有放弃演员梦，年过花甲仍当着临时演员。虽不知道详情，但可以肯定的是，十二少虚度了五十多年的光阴。

他是如何度过半个多世纪的时间呢？又做了什么以至于挥霍了所有的家产呢？继承的责任想必给他带来了难以言喻的痛苦。后来他得知自己算是被如花半强迫式地选择自尽，想到如花并不相信自己时，他是否曾感到痛苦呢？也许他也曾后悔没有随如花而去吧？

既然无法给予爱

我与《胭脂扣》的导演关锦鹏有过两面之缘。第一次是在2007年的釜山国际电影节，当时他正在筹划制作李小龙的传记电影《李小龙》，那次我有机会采访他；隔年，我去香港国际影视展时又遇到了他。我提到自己很喜欢《胭脂扣》时，他显得非常开心，于是我们自然而然地聊到了张国荣。

不知道关锦鹏导演是不是因为当时正沉迷于李小龙的缘故，他在采访时说他觉得张国荣和李小龙很像。我心想，如果非要找出张国荣和李小龙的连接点，可能是2013年既是张国荣逝世10周年，也是李小龙逝世40周年。再来就是，张国荣和李小龙生前最后居住的地方都在九龙半岛，而且距离很近，走路只要20分钟。关锦鹏导演讲得十分认真，听了不禁让人觉得他说得似乎也很有道理。

"张国荣和李小龙都没有得到父爱。他们的父亲都忙于工作，所以无暇顾及孩子。据说李小龙去美国的时候，父亲只给了他100美金。自尊心很强的李小龙到了美国以后，用刚赚到的钱给父亲寄了第一份礼物，是一件昂贵的博柏利（Burberry）风衣。这是他的叛逆，是想告诉父亲：'你给我的100美金变成了这样。'李小龙没能在父亲临终时守在他身旁，因此在葬礼上哭得很伤心。缺失父爱成了李小龙一辈子的恨，所以他才会盲目地宠爱儿子李国豪。那时候，只要是拍戏的日子，他就会把儿子带在身边，连学校也不送。但李小龙走得太早了，这给李国豪留下了巨大的创伤。张国荣应该和李小龙一样，他只是没有像李小龙那样结婚生子罢了。换句话说，我觉得他是下了决心，既然无法给予爱，那还不如不要孩子。"

缘分

2011年，叶伟信执导的《倩女幽魂》在韩国上映时，我采访了饰演树妖姥姥的演员惠英红。在我的记忆里，她和张国荣没有合作过，因此我以为他们之间没有任何的交集。

但在采访中，惠英红多次提到"拍《胭脂扣》的时候"，于是我问她是否也拍过那部电影？她给了肯定的回答，我大吃一惊，而她在见我瞪圆眼睛时，也感到惊讶不已。原来她在《胭脂扣》中饰演的是十二少在片场中以临时演员出演的电影的主角——电影中的电影的主角。

回忆起张国荣，惠英红说："以前的大摄影棚里会分第一和第二摄影棚，两个摄影棚都在拍戏的时候，演员们就会聚在一起吃饭。当年港片的产量数不胜数，所以就算不出演同一部戏，我也有很多机会碰到张国荣。他见到我，总是很热情，他是一个性格开朗的人。他的早逝至今还是令人感到很心痛。"

惠英红在《胭脂扣》中登场后，便可以看到失去如花后虚度了五十余载光阴、现在的十二少。惠英红在片场如同《倩女幽魂》中的聂小倩般挥舞衣摆飞上天空时，一瘸一拐的十二少正在打理杂务。真正的女鬼如花一边望着饰演女鬼的惠英红，一边缓慢地移动脚步。

《胭脂扣》: *Rouge*，1988

这真是一场奇妙的戏——假鬼在天上飞，真鬼却如常人般行走在地面，而满脸皱纹且寒酸落魄的十二少，和美貌如同当年的如花形成对比。如花偷偷跟在十二少身后，听到他小便时说了一句："当年屙尿射过界，今日屙尿滴湿鞋。"这错综复杂的最后一场戏，就如同那堵位于石塘咀的高架桥，给人一种岁月之墙的感觉。啊，他们终究没能如愿以偿。就像韩国诗人、散文家皮千得的随笔《因缘》（인연）的最后一句话："与其这样，还不如不见的好。"

为什么偏偏

看过香港杜莎夫人蜡像馆里展示的张国荣蜡像以后，我也想说还不如不看的好。我很期待看到跟张国荣一模一样的蜡像，但在看到蜡像的那一刻，脑海却立刻闪现电影《老男孩》（올드보이，2003）中吴大修的台词："你是谁？"看到张国荣和旁边的梅艳芳摆出热情洋溢的姿势，我心里更加难过了。想到来此处的游客只能通过蜡像来回忆这两位巨星生前的样子，不免令人感到心痛。

在杜莎夫人蜡像馆中，以《霸王别姬》中张国荣的经典姿势而呈现的蜡像。

　　张国荣蜡像的造型是《霸王别姬》中穿着披风的程蝶衣（张国荣饰演）。虽然在创办杜莎夫人蜡像馆的时候，相关人员经过了一番苦思冥想才选择了这个造型，但在我看来，这未免太过残忍了。

　　在《霸王别姬》中，蝶衣为了救出用瓶子砸破日本军人脑袋的段小楼（张丰毅饰演），而委身给喜爱京剧的军官青木唱戏，可谁知从监狱被放出来的小楼，却朝蝶衣的脸上吐了一口口水。对于自尊心很强的小楼而言，身为中国京剧演员，却为日本军人唱戏是一种耻辱。蝶衣原以为师哥小楼会说声谢谢，并给自己一个温暖的拥抱，因为他做了一件连小楼的老婆菊仙（巩俐饰演）也未能做到的事，因此心里正洋洋得意。没想到却被小楼当场泼了冷水，他惊呆地愣在原地，而蜡像馆则将愣住的蝶衣制作成了蜡像。看着围在蜡像旁做出"耶"的手势并拍照的游客，我心底莫名产生了一股厌恶之情。大家知道为什么游客都想去脱掉蝶衣身上的那件披风吗？就是因为他心爱的人吐了他一脸口水。

程蝶衣和虞姬，以及张国荣

拍摄《霸王别姬》时，张国荣非常孤独，这是他首次到内地拍电影。虽然张国荣在《胭脂扣》中体验过传统戏曲，但正式学京剧却是非常辛苦的一件事。再加上他必须讲北京话，而非熟悉的粤语，因此无论是环境、语言，还是周围的人都令他感到很陌生。他必须在这种陌生的环境下孤军奋战，也因为如此，他所饰演的"程蝶衣"才彻底地表现出了那份绝对的孤独。

蝶衣的人生也同样孤独。就像《阿飞正传》中被母亲抛弃的阿飞一样，蝶衣也被母亲抛弃，就连他的所爱之人也不肯接受他的爱。在历史的桎梏中，一切都背弃了他。

蝶衣是一个有多指症的孩子。妓女出身的母亲不能总是把一个大男孩带在身边，于是决定把他送到戏班，但师父见他长了六根手指，心存顾虑地说："你儿子长了六根手指，当不成戏子。虽然他长得眉清目秀，但来听戏的人看到他的手可是要吓晕过去的。"母亲听后，狠心地用菜刀切掉了孩子多余的小指，接着头也不回地丢下他并返回了青楼。虽然平日里的蝶衣很安静，但有时也会不顾忌周围的目光，做出一些固执和疯狂的行为。这样的性格从何而来呢？想必大家都可以猜想得到。

在这部电影中，瞪大双眼切掉孩子手指的母亲给人留下了深刻的印象。令人惊讶的是，《霸王别姬》竟是饰演这一角色的演员蒋雯丽的成名作。2009年，她以电影《我们天上见》的导演身份受邀参加釜山国际电影节，我借此机会见到了她。虽然我知道她和张国荣没有对手戏，但还是忍不住问了她有关张国荣的事。有趣的是，她先聊起了"姓氏"。

"我姓蒋，不是跟张国荣一样常见的张姓，而是蒋介石的蒋姓，因为这样小时候还被霸凌过，所以非常理解张国荣饰演的程蝶衣的孤独和悲伤。张国荣在片场看上去总是很悲伤，不知道他是因为紧张还是在想其他的事情。从画完脸谱的那张脸上读不出任何表情，所以他看起来更加孤独了，让人觉得他仿佛和程蝶衣融为一体。"

　　程蝶衣的孤独来自他执着的爱。小时候的蝶衣从像
是变态的老人住处回来后，师父对他说了一句："一个人
有一个人的命。"自那之后，这句话便成了决定蝶衣一生
的命题。蝶衣会不会是因为无法改变现实，所以决定认
真活一次戏中"虞姬"的人生呢？正因为如此，他爱上
了霸王段小楼，接受了至死都要与其在一起的命运，独
自活在了另一个世界里。

　　但小楼不同，他在台上是"霸王"，在台下就只是
一个平凡的男子。小楼对花满楼的妓女菊仙（巩俐饰
演）一见钟情，而此举招致了蝶衣的嫉妒。蝶衣最终忍
无可忍，喊道："你忘了咱们是怎么唱红的了？还不就凭
了师父一句话？从一而终！"惊慌失措的小楼回道："这
不小半辈子都唱过来了吗？"小楼是想告诉蝶衣，他们的
关系最为亲密，但蝶衣不满足于过去，说道："说的是一
辈子！差一年，一个月，一天，一个时辰，都不算一辈
子！"如今那个在《阿飞正传》中，对苏丽珍说不要忘记
一分钟、强调"一分钟永恒性"的阿飞，推翻了自己说
过的话。

131

　　台上浓妆艳抹、深受人们喜爱的"虞姬"，与台下对小楼一片痴心而痛苦不已的"蝶衣"所展现出的两面性，似乎隐喻了张国荣的人生。华丽耀眼的京剧时代渐渐走向了落寞，而深爱的小楼也成了别人的男人，蝶衣该有多寂寞呢？

　　张国荣逝世后，陈凯歌写过一段追忆他的话："他的眼睛中流露着令人胆寒的绝望与悲凉。停机以后，张国荣久坐不动，泪下纷纷。我并不劝说，只是示意关灯，让他留在黑暗中。"

我早就不是东西了。

连你楚霸王也跪下来求饶了。

——电影《霸王别姬》中程蝶衣的台词

我会陪你一起哭

就像熙熙攘攘的军人硬是把蝶衣从舞台上拉下来一般，杜莎夫人蜡像馆里一语不发的蝶衣也被拉下了舞台。过去整个舞台都是蝶衣的——蜡像背后的大荧幕整日播放着张国荣的影片，其脚下也堆满了粉丝送来的礼物和百合花，整间蜡像馆成了张国荣的专属空间。但随着曾任美国总统的奥巴马等人物的蜡像相继进入蜡像馆后，张国荣便失去了舞台，如今他与爱因斯坦博士背对背地站在角落。看着接踵而来的游客有说有笑地走进蜡像馆，我心中难免阵阵抽痛。

我想起了《老男孩》——囚禁吴大修的房间里挂着一个相框，上面写着一句话："你笑，世人会跟着你一起笑。你哭，只有你一个人哭。"这是美国女诗人埃拉·惠勒·威尔科克斯（Ella Wheeler Wilcox）的《孤独》（*Solitude*）一诗中的第一句。张国荣的人生，和他在电影中诠释的角色与这首诗，久久回荡在我心中。

Scene # 05

影子影

那 些 年 , 我 们 宠 爱 的 张 国 荣

童年稚气梦未污染
今日我与你又试肩并肩
当年情此刻是添上新鲜

《纵横四海》：*Once A Thief*，1991

张国荣在《纵横四海》中初次登场的画面令人难以忘怀。他站在塞纳河的艺术桥（Pont des Arts）上，双臂靠着栏杆，看上去就像一幅画。这座艺术桥因奥斯卡·王尔德（Oscar Wilde）、阿尔贝·加缪（Albert Camus）、雅克·普雷维尔（Jacques Prévert）、阿蒂尔·兰波（Arthur Rimbaud）和保尔·魏尔伦（Paul Verlaine）等人而著名，因此总是可以看到络绎不绝的游客。在摄影师江映豪为导演边赫的电影《追访有情人》（인터뷰，2000）拍摄的海报中，李政宰和沈银河坐在长椅上的地点也是这座艺术桥。这座桥还很有名的是，情侣们为了许下永远相爱的誓言，会在护栏上锁爱心锁。在如此浪漫的桥上，街头画家正在为相貌出众的张国荣画肖像画，在画作完成后，张国荣一边问画家知不知道自己的名字，一边在画上签名。他亲切地告诉画家自己叫"James"（阿占），然后潇洒地付了钱。在离开时，他还不忘告诉画家自己是个通天大盗，要他留意明天的报纸。

吴宇森导演表示，张国荣站在艺术桥上的画面非常幻丽，是《纵横四海》中最令自己满意的场景之一。比

起电影美学和故事情节，我个人更喜欢电影中三位主角之间的三角关系。电影中的张国荣、周润发和钟楚红坐在巴黎的露天咖啡厅喝红酒、驾驶着红色敞篷车在海边兜风的样子看起来幸福极了。

在现实生活中，他们也是关系亲密的好朋友。张国荣去世的几个月前，钟楚红夫妇曾邀请张国荣、唐鹤德和周润发夫妇到家里共进晚餐。据说，他们只要聚在一起就会笑谈往事。2003 年 4 月 1 日，周润发和太太在钟楚红家中用餐时，收到了张国荣去世的噩耗。总是携伴聚会的他们为什么那天没有邀请张国荣和唐鹤德呢？如果那天张国荣也参加了这场聚会，与朋友们开心地共享晚餐，是不是就会做出其他的选择了呢？

圆满结局

正如离开艺术桥的阿占（张国荣饰演）告诉画家的那样，他与阿海（周润发饰演）和红豆（钟楚红饰演）协力成功盗取了莫迪利亚尼的《珍妮·赫布特尼肖像》。

随后三个人为了见新的委托人而来到尼斯，委托人要他们盗取保管在尼斯某古堡内的特鲁伊贝尔的《赫林之女仆》。

阿占和阿海在盗画途中被警卫发现，阿占的肩膀因而中了一枪。阿海担心中枪的阿占，但阿占却在担心红豆——虽然红豆和阿海是一对恋人，但阿占心里也有红豆。阿占曾用嫉妒的口吻劝告阿海："你对周围的人好过红豆，不要辜负了人家。我要是你就好了。"但阿海却只以玩笑话应对。

紧接着他们被人追杀，并展开了一场激烈的追击战。阿海驾车与杀手的快艇相撞爆炸，阿占则死里逃生地捡回了一条命。痛失阿海的阿占和红豆伤心欲绝，但几年后，阿占和红豆便走到了一起。某一天，他们得知阿海没有死，而且已经活着返回香港。三个人久别重逢，看着坐在轮椅上的阿海，阿占和红豆不免大受打击。

　　旧情人阿海、新恋人阿占与红豆，在位于金钟的港丽酒店旁的花坛拍摄的那场戏，向观众展示了三个人与过去不同的关系。阿海在电话亭与陷害他们的养父进行协商，而阿占和红豆却在一旁嬉笑打闹，两个人像磁铁一般黏在一起。坐在轮椅上的阿海在不远处看着昔日的女友与其他男人——他情同手足的弟弟——亲吻，他的样子让人倍感凄凉。

　　港丽酒店一侧的花坛位于高楼大厦之间，金钟一带的大楼建筑风格迥异，放眼望去不禁让人想起了小时候更换纽约、伦敦和埃及的背景布后，可以拍很多张纪念照的照相馆。吴宇森导演怕是没有信心定义这三个人的尴尬关系，因此干脆把他们交给了这种错综复杂的背景。那场戏给人的感觉有点像是在拍纪念照时，却没有人肯看镜头似的。或许是酒店的相关人员觉得花坛过于冷清，如今又在周围布置了许多人造树。

1 张国荣和老朋友周润发、钟楚红。
2 3 《纵横四海》的最后一幕。

　　《纵横四海》是一部自始至终都很欢快的电影，最后自然也是圆满的结局。三个人除掉对手后，一起移民去了美国。阿占和红豆生了三个孩子，过着幸福美满的生活，而阿海在家里就像个保姆，他边看电视边打扫房间，失手将婴儿丢了出去。电影就在他丢出婴儿后，展露惊讶的表情时结束了。

　　过去看到这部电影幽默的结局会让人露出笑容，但如今只剩下苦涩的余味。饰演红豆的钟楚红在拍完《纵横四海》后正式息影，婚后她把精力都放在了家庭和慈善事业上。钟楚红夫妇是演艺圈出了名的恩爱夫妻，他们婚前协议不生育；遗憾的是，其丈夫朱家鼎在2007年因癌症病逝了。饰演阿海的周润发夫妇也膝下无子，拍完《纵横四海》后，他的妻子好不容易怀孕，却在临盆前发现孩子因脐带缠颈窒息而死。妻子怀孕时，将成为人父的喜悦让周润发觉得自己仿佛拥有了全世界，可想而知他后来有多伤心难过。之后，周润发夫妇便决定不再生育了，而饰演阿占的张国荣……

1 《失业生》中的一个场面。
2 引领香港娱乐圈的"三剑侠"陈百强、张国荣和钟保罗。

145

头号竞争对手

在《纵横四海》中，阿占（张国荣饰演）安慰痛失阿海（周润发饰演）的红豆（钟楚红饰演），两个人的关系进而发展成了恋人。在这场戏中，观众会听到一首名为《风继续吹》的歌曲，这首在1983年发表的歌曲广受好评，令当时仍默默无名的张国荣一跃成为明星，随后在1984年发表的专辑 Leslie 中，Monica 也同样大获成功。当时的香港媒体将张国荣和陈百强营造成竞争对手，虽然陈百强比张国荣小两岁，但他比张国荣更早成名，他在韩国广为人知的电影《秋天的童话》（1987）中饰演钟楚红的前男友。

据说因为陈百强主动跟张国荣搭话，而使两人成了朋友。陈百强把自己的专辑送给张国荣，还问他最喜欢哪首歌，张国荣说最喜欢《眼泪为你流》，这首歌为陈百强赢得了极高的人气。陈百强可说是张国荣在圈内结识的第一个朋友，两个人有很多相似之处，除了细腻、敏感的性格以外，他们都是极致的完美主义者，甚至就连情绪起伏和时常感到忧郁也很相似。

　　然而，明星之间的友谊很容易被动摇。随着媒体营造的竞争气氛愈演愈烈，张国荣与陈百强的关系也渐渐疏远，最后甚至演变成了不和，有传闻称他们直到最后都形同陌路。1993年，陈百强因服药过量而英年早逝，据与他们关系要好的高志森导演称，陈百强处于昏迷状态的期间，张国荣曾到医院探望过他。久久没有离去的张国荣守在陈百强的病床前，希望与他和好如初。去探望垂死挣扎的老朋友时，张国荣说了什么安慰他的话呢？

　　张国荣与陈百强共同出演过《喝采》《失业生》和《圣诞快乐》等多部电影，与他们共同出演《喝采》和《失业生》的钟保罗，在当时同为引领香港娱乐圈的"三剑侠"。然而，香港最受欢迎的青春偶像陈百强，在1993年因服药过量昏迷17个月后抢救无效身亡，钟保罗则在1989年从高楼一跃而下坠楼身亡，享年30岁。虽然媒体揣测陈百强是因失恋的痛苦，钟保罗则是因欠下过多债务而做出悲剧性的选择，但如同张国荣的死一样，没有人知道真正的原因。三个人共同出演一部电影，同为20世纪70年代最受欢迎的明星，却相继英年早逝，这是多么悲剧性的缘分啊！

从正方形变成三角形

《纵横四海》的导演吴宇森既是张国荣的良师也是益友，能让1989年突然宣布退出乐坛的张国荣重返电影圈，最大的功臣莫过于吴宇森了。

外界推测促使张国荣在1989年突然宣布退出香港歌坛并移居加拿大的原因之一是，当时媒体营造出他与谭咏麟的过度竞争，令他对演艺活动感到疲惫不堪。

1990年2月号刊的电影杂志ROAD SHOW刊登出张国荣退出乐坛的特别报道："据采访得知，张国荣退出歌坛后准备结婚。关于女方有诸多传闻，但经本社确认女方是美籍华侨、友人的妹妹。据揣测张国荣是为了这位女子而决定退出歌坛。"当然，这个传闻就只是传闻而已。

张国荣在前往加拿大以前，必须完成《纵横四海》和《阿飞正传》的拍摄。据张国荣回忆，吴宇森导演在拍摄《纵横四海》期间一直劝解和鼓励他："不要浪费自己的才华，你必须继续演戏。"

　　当时因为制片经费的关系，《纵横四海》删掉了原来剧本中阿占假死、隐姓埋名漂泊数年后重返香港的内容。《喋血街头》（1990）的票房惨败后，意志消沉的吴宇森导演觉得自己的电影里也应该有个圆满的结局，所以修改了《纵横四海》的剧本；同时继《英雄本色2》之后，拍摄张国荣死亡的场面也让他觉得很有负担。如果《英雄本色2》不是以张国荣的死来结束，吴宇森导演也不会留下心理阴影了。2009年，当我在采访吴宇森导演时问起张国荣，他说了一句意味深长的话："张国荣走后，香港电影圈从'正方形'变成了'三角形'。"他的意思是，香港电影失去了很大的一部分。

　　1990年，张国荣正式退出演艺圈后移居加拿大，但他在加拿大的生活也并非一帆风顺。张国荣在访谈节目中提到一件令自己目瞪口呆的事，他表示他看到导游领着香港游客来到自家门前，像介绍景点似地说："这里就是张国荣的家。"半年后，张国荣返回香港，于1992年以《家有喜事》重返影视圈，并于1995年以《宠爱》专辑复出乐坛。

传情就送"To You"

　　韩国影院上映《纵横四海》的1991年，可谓是香港电影的全盛时期。周润发和吴宇森导演为了宣传电影来韩，周润发在电视节目 *Humor No.1*（유머 1번지）的"明日冠军"环节中和喜剧演员沈炯来打起了拳击，而他原定在三天两夜的来韩行程的最后一天作为嘉宾出席卞真燮和金民雨的演唱会，最终却未能赴约。尽管卞真燮和金民雨在当时已是顶级歌星，但电影杂志 *ROAD SHOW* 的记者还是如此写道："为了见周润发的学生们付了比其他演唱会高出一万元（韩元）的入场费，最终却大失所望、怨声载道。"

　　《纵横四海》在韩国的"Piccadilly影院"上映没多久，便吸引了20万名观众，之前票房成绩不错的韩国电影《我的爱，我的新娘》（나의 사랑, 나의 신부，1990）不得不因此下线。周润发和吴宇森还现身影院，参加了问候观众的环节，主持人正是当时知名的演员崔秀宗。真不知道《我的爱，我的新娘》的李明世导演有没有因此跟电影院的老板大吵一架呢？

张国荣出演"To You"巧克力广告的一个场面。

　　虽然张国荣在《纵横四海》上映时未能来韩国，但之前他已经来过很多次了。有着"韩国国民歌手"之称的李仙姬曾在某节目上聊起她与张国荣相识的故事——1989年，李仙姬在首尔奥林匹克体操竞技场举办演唱会，并通过韩国KBS电视台音乐节目《青春的进行》(젊음의 행진)进行了直播，当时张国荣便作为唯一被邀请的嘉宾出席了这场演唱会。因为张国荣，韩国的中学生都没有留在学校乖乖地上自习课，正如《英雄本色2》的主题曲《奔向未来日子》里唱的"无谓问我今天的事，无谓去知不要问意义"，大家纷纷跑出了学校。李仙姬在演唱《致J》(J에게)的时候，张国荣一边唱着韩文歌词"J美好的夏日～"，一边登场，他把韩文歌词写在掌心，时不时偷看的样子可爱极了。只要张国荣与台下的观众四目相对时，无论男女，他都会露出亲切迷人的微笑。当张国荣望向李仙姬，并笑着把脸贴近她时，更立刻引来台下女生的尖叫声。在演唱结束后的访问中，李仙姬形容张国荣很像"可爱的弟弟"；虽说李仙姬也是童颜，但其实张国荣比她年长了八岁。

　　张国荣的《月正亮》翻唱自李仙姬的《爱情消失的

地方》（사랑이 지는 이 자리），这是张国荣翻唱的唯一一
首韩文歌。之后，张国荣也在自己的演唱会上邀请了
李仙姬，他还亲自驾车带李仙姬游玩香港，真是令人
羡慕。

　　虽然当时大部分的媒体都称这是张国荣"首次来
韩"，但其实他在1978年曾参加在首尔举办的"亚洲歌唱
比赛（韩国区）"，并演唱了一首 *American Pie*。当主持人
问：*"这是你写的歌吗？"* 张国荣害羞地回答：*"这是唐·麦
克莱恩（Don McLean）的歌。"* 主持人还问他：*"到韩国
来觉得韩国的女生怎么样？"* 张国荣则露出可爱的笑容，
简短地回了一句：*"Pretty。"* 隔年的1979年，张国荣作为
MBC首尔国际歌谣祭的邀请歌手再度来韩，他演唱了无
人不知、无人不晓的 *Thank You*。据说，当时他穿着深红
色亮片的开襟上衣，大胆露出上半身的服饰给人留下了深
刻的印象。（这些故事都是从大前辈那里听来的。）第二天
的教室里，女同学们都在讨论那个从香港来的Leslie，可
想而知张国荣的魅力了。

　　十多年后的1990年，张国荣凭借"To You"巧克力

广告获得了最具爆发性的人气。与周润发代言的乳酸苏打饮料"Milkis"和王祖贤代言的饮品"Creamy"相比，张国荣的"To You"巧克力广告拍得更像是由离别和彷徨等主题构成的电影。

广告中，张国荣站在雨中吃了一口被雨淋湿的巧克力，仿佛在告诉人们"没有吃过被眼泪淋湿的巧克力的人不懂爱情"。巧克力公司还设计了抽奖活动——凡寄故事来的消费者，都有机会被选中免费游香港，使得当时连护照是什么都不知道的学生们都纷纷写起了小说。打开巧克力厚厚的包装纸，可以看到一行字"请用 To You 传达你的爱"和空白的信纸，我的书桌一角堆满了这种对我而言毫无用处的包装纸。

活在张国荣的时代

1995 年 12 月，张国荣以"时隔五年的华丽外出"为主题，出演了林白千主持的节目《超级星期天》(슈퍼선데이)。张国荣没有亲临摄影棚，而是由当时最具人气的喜剧演员李英子和洪真庆到饭店采访他。面对两位主持

1 2 张国荣赴韩现场。
3 4 5 我们活在张国荣的时代。

人无理的问题（那些问题放在今天看来，观众们一定会上网留言要求她们当场道歉），一直保持灿烂笑容的张国荣令人感觉十分温暖。

再次重温这段影片时，我的眼泪不由自主地掉了下来。

当被问到"你看我们像什么人"时，张国荣回说："像在泡菜工厂工作的大婶。"李英子一听，还假装要用拳头去打张国荣的头。（李英子知不知道张国荣是年纪足足大她一轮的哥哥呢？）两位主持人没有就此打住，还要张国荣表演世界上最开心的表情与最难过的表情！看着张国荣认真地完成她们提出的无理要求，时间仿佛倒流至当年。

最精彩的一幕是张国荣抱着李英子倒在沙发上——他紧紧地抱住李英子，边开玩笑边拍了一下她的屁股。张国荣开玩笑时的样子天真烂漫极了！如果是其他男演员做出如此举动，恐怕会吓到观众，但张国荣不会，他的一举一动看起来都很温馨。我的意思不是说他像个女生，而是他给人一种超越了一切的感觉。

1998年，张国荣来韩时出演了朴相元主持的《美丽TV脸庞》（아름다운 TV 얼굴），在1999年来韩国宣传《星月童话》的时候，他在《李素罗的求婚》节目中演唱了 *A Thousand Dreams of You*。

随着时间流逝，张国荣变得越来越稳重。与从前相比，他的笑容变少了，那时我以为这是随着年龄增长，理所当然的变化。在重温那段《超级星期天》的视频时，我对李英子产生了感激之情。无论如何，她都让我们看到了边开玩笑边拍手大笑的张国荣。

翻阅这些旧资料时，我发现了一件有趣的事：1978年和1979年，分别主持歌唱比赛的边雄田和车仁泰在介绍张国荣时都是说："接下来出场的是来自香港的Leslie Cheung！"换句话说，20世纪70年代在韩国演唱英文歌的他还不是"张国荣"。他的名字是从香港的美少年歌手"Leslie Cheung"开始，经由80到90年代的《英雄本色》，才成为如今以罗马拼音发音而被韩国人记得的"张国荣"。我很感激自己活在"张国荣的时代"——在我们学会用中文念出他的名字前，他便离开了的时代。

ESLIE CHEUNG

爱恋恋

他 是 被 大 家 宠 爱 的 ， 他 也 宠 爱 大 家

男也好，女也好
我只知道我喜欢你

　　蔡继光导演执导的电影《柠檬可乐》（1982），围绕着四个情窦初开的女生婷婷、露露、阿丧和阿肥，讲述了一个暗恋代课老师、幻想与未来男朋友接吻的青春故事。因为当时全世界正流行青少年电影《初吻》（*La Boum*，1980），所以香港也拍了很多类似的电影。

　　张国荣在片中饰演婷婷的男朋友陈杰逊。两人因出演话剧《罗密欧与朱丽叶》相识，进而产生好感，还一起去澳门玩。在澳门的海边散步时，杰逊向婷婷讲述了自己的童年："小时候父母丢下我去了国外，我是被叔叔养大的，所以没有人念我，要我用功读书。我喜欢看电视剧和电影。我总是一个人，所以无法理解别人，别人也不理解我。大家都以为我是一个冷漠的人。"

　　婷婷对杰逊产生了怜悯之情。他们深情地亲吻彼此，并在澳门度过了愉快的一晚。

《柠檬可乐》: *Teenage Dreamers*，1982

婷婷和杰逊也来到大三巴牌坊和大炮台等知名景点，上演了很多肉麻的情侣戏。

张国荣肯定在拍摄《柠檬可乐》时想起过自己的初恋，他曾说就像婷婷和杰逊一样，自己也曾和初恋女友一起去澳门玩过。张国荣在13岁时遇到初恋，但后来因为去英国留学而不得不分手。据张国荣回忆，那个女生的笑容很美，身材也很好，只不过很傲慢。他还说那时候的自己会被这一型的女生吸引。

操之过急的求婚

张国荣公开的第二个女朋友是毛舜筠。20世纪70年代中半，两人因在"丽的电视"（香港亚洲电视前身）主持不同的音乐节目而相识。当时，毛舜筠还不到20岁。张国荣和毛舜筠共同出演《爱情故事》并快速地走到了一起，张国荣被这个比自己小四岁的可爱女生吸引，操之过急地求了婚。他为什么如此心急呢？从1979年《明报周刊》刊登的采访推测，当时毛舜筠身边总是有很多男性朋友，这让20岁出头的张国荣很嫉妒，或许是出于希望女朋友只对自己一个人亲切的想法，所以做出了冲动之举。面对张国荣的求婚，毛舜筠委婉地拒绝了。之后年仅21岁的毛舜筠嫁给了华侨出身的企业家并移居国外。

2001年，毛舜筠主持娱乐节目，特别邀请的首期嘉宾不是别人，正是张国荣。身穿棕色钻石纹毛衣的张国荣抱着可爱的抱枕坐在沙发上和毛舜筠聊天。毛舜筠提到，她的父亲很喜欢张国荣，到现在都还保留着她和张国荣的合照。她还提到张国荣的贴心之举——在得知自己喜欢某餐厅后，张国荣便拜托餐厅老板"以后只要毛舜筠来吃饭，账单都记在他的名下"。在节目上，他们也聊了过去通宵打麻将的诸多趣事。

毛舜筠还提起当年求婚一事。张国荣笑谈："我也不知道为什么会那么做，当时真是太单纯了，还把你吓跑了。"毛舜筠也很大方地回说："你为什么那么心急呢？当然会把人家吓跑啊！"他们你一言我一语地在节目上回忆过去，模样可爱极了。

但在听到张国荣说"如果当年你肯嫁给我，可能我的人生会因此改变"时，不禁又令人感到一阵痛楚。假如他是在适当的时机认真求婚，如今会是怎样呢？也许明星张国荣的演艺人生会结束，但作为一个普通人的张国荣的人生应该会继续下去吧？

张国荣和毛舜筠共同出演过高志森导演的《家有喜事》(1992)、《花田喜事》(1993)和《大富之家》(1994)，而《家有喜事》正是1990年暂别娱乐圈的张国荣的回归之作。电影中的无双（毛舜筠饰演）和常骚（张国荣饰演）是远亲，他们就像"汤姆与杰瑞"一样是一对生死冤家，整日吵吵闹闹。电影过半时，无双得意扬扬地对常骚说："我从16岁开始交往的男朋友下个星期回国，还会和我结婚。"毛舜筠十几岁时交往的男朋友不正是张国荣吗？这场戏难道不是刻意安排的吗？

有别于现实，《家有喜事》最后以常家三兄弟共同举办婚礼的圆满结局告终，最后一场戏的拍摄地点在澳门的西望洋圣堂，而那里也是我每次到澳门的必去之地。虽然西望洋圣堂比议事亭前地和大三巴牌坊等知名景点略偏僻，但端庄典雅的建筑外观却能让人感受到一种特别的平静与安宁。

电影《家有喜事》最后一场戏的取景地点：西望洋圣堂。

　　在那里拍摄《家有喜事》最后一场戏的张国荣的内心想必很难平静，他竟在那场戏中和拒绝自己求婚的女生举办婚礼，看着身穿婚纱的旧情人，他是怎样的心情呢？

　　在《大富之家》中，张国荣和毛舜筠出演的也是一对恋人。在电影的后半段，罗伯特（张国荣饰演）手捧玫瑰花去找任求安（毛舜筠饰演）。这幅画面自然而然地呼应了张国荣在节目中笑着对毛舜筠说的："我第一次送玫瑰花的女生是你！"看来二十几岁的张国荣当时是真的很爱毛舜筠。

徐克导演的《大三元》（1996）中也出现过西望洋圣堂。张国荣在片中饰演一位年轻的神父钟国强，多数到西望洋圣堂的女信徒都只是为了看一眼这位外貌出众的神父。钟国强为了帮助因欠下高利贷而被黑社会讨债的妓女白雪花（袁咏仪饰演）而卷入了各种事件。

为你钟情

　　张国荣的感情世界一直都是媒体和大众关心的焦点，华语圈的媒体几乎每年都会报道"张国荣情系某某人"的新闻。媒体除了会提到与他关系特别要好的毛舜筠、梅艳芳、钟楚红和关之琳等女艺人，就连与他合作过的女演员也会成为绯闻的对象，李丽珍因此自然而然地成了其中之一，李丽珍正是在《为你钟情》中与张国荣演对手戏的女主角。

　　《为你钟情》是最为突显张国荣个人魅力的一部电影，也是一部大获成功的作品。1996年，张国荣还在香港开了一间名为"为你钟情"的咖啡厅，虽然后来在2001年停业。这部电影深受香港人喜爱，2010年备受瞩目的香港导演郭子健也执导了一部同名电影《为你钟情》，这部电影可说是香港版的《建筑学概论》（건축학개론，2012）。在电影中，学生们听着张国荣演唱的《为你钟情》，房间里贴着张国荣的海报。对于20世纪80年代的年轻人而言，《为你钟情》这首歌就等于是《建筑学概论》中金东律演唱的那首《记忆的习作》（기억의 습작）。

167

在《为你钟情》中，张国荣饰演的角色亦如早期作品中的花花公子。

在舞厅担任DJ的陈福水（张国荣饰演）在街上遇见余丽珍（李丽珍饰演）后对其一见钟情，接着便随丽珍上了公车，还故意坐在她身边。福水偶然得知丽珍与自己的堂弟住在同一栋公寓，为了制造天天见面的机会，福水还搬到了堂弟家，他甚至还像出入自家大门般天天跑去丽珍工作的医院。福水的百般追求，最终顺利获得了丽珍的芳心，两人谈起了恋爱。

恋爱初期，两人双手提着购物袋走到中环皇后像广场一侧的遮打花园内的喷水池。遮打花园是一处被中银大厦和汇丰总行大厦等高楼环绕的幽静公园，如同隐藏在香港终审法院后的一处世外桃源；越过那些高楼大厦还可以眺望香港文华东方酒店。我曾经像福水和丽珍一般，沿着叮叮车的路线走到此处，想到看似弱不禁风的福水竟提着那么多购物袋走到这里，不禁感叹："爱情的力量真伟大！"

在这座喷水池边，丽珍一边讲着自己喜欢的动作片，

《为你钟情》的喷水池吻戏在电影上映时引起了热议。

一边推了一下福水，而福水则模仿好莱坞的动作明星夸张地跳进了喷水池，并劝丽珍也来玩水，紧接着两人便上演了一段又长又浓烈的吻戏。小时候看着这部电影的录影带时，看见被水浸湿的丽珍没有穿内衣，还觉得这部电影很色情。我当时心想，难道香港是一个热得连内衣都不穿的地方吗？出于这种好奇，我下定决心"以后一定要去香港看看"。

最近重温《为你钟情》时，我却不由得感伤了起来。电影中的"沙皮"（孟海饰演）是福水最好的朋友，他的爱车福斯的车牌是"AU 2003"。在电影的后半段，几位好友为身患绝症的沙皮开派对，并准备了一份和福斯造型一模一样的蛋糕。沙皮死后，那辆车交给了福水；而当福水得知丽珍的心里还有自己时，露出了灿烂的微笑。电影就此结束。

那辆福斯车牌上的数字"2003"格外引人注目，仿佛是在预言之后将要发生的事情一般。福水和丽珍重归于好，并没有如沙皮一般死去，但这却成了张国荣电影中最令我印象深刻和最痛心的最后一幕。

到了下一站，我们就要分手了。

我们不可能再见了。

闭上眼睛，就看不见我走了。

——电影《新上海滩》中许文强的台词

1 《龙凤智多星》中可爱的小偷（林忆莲饰演）和热血的刑警张荣（张国荣饰演）。
2 *From Now On* "MV" 画面。

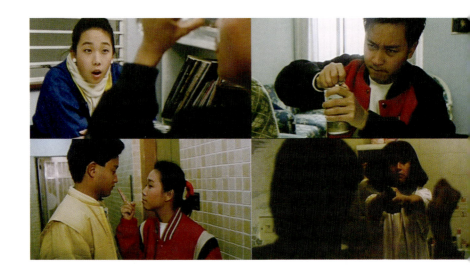

最棒的合唱

出道初期，在所谓的"张国荣的女人"中，除了《柠檬可乐》《鼓手》中的周秀兰、出演《喝采》与《杨过与小龙女》的翁静晶，给我留下最深印象的就是《龙凤智多星》中的林忆莲。

《龙凤智多星》与《为你钟情》在同年（1985）上映，电影剧本出自当时还是无名编剧的王家卫之手，《龙凤智多星》可说是一部让张国荣与王家卫相识的电影。

张国荣在这部电影中饰演热血的刑警张荣，张荣误将从中国台湾来的国际刑警当成罪犯拘捕了起来。误会消除后，两人来到游乐场巧遇小偷姐妹，四人的关系越来越亲近，而张荣则爱上了妹妹（林忆莲饰演）。电影插曲《H2O》响起时，林忆莲害羞地在张国荣的额头上轻轻一吻，那幅画面令人感到无比温馨。

1　2　张国荣翻唱过的日语金曲合集。

3　张国荣喜欢的日本歌手山口百惠。

4　张国荣的经典专辑《风继续吹》。

1 | 2
3 | 4

但这对姐妹却因盗窃职业杀手的东西而遭追杀，最终妹妹死在了杀手的枪下。在张国荣的电影中，很少会看到他与女主角历经生离死别，而《龙凤智多星》正是为数不多的这类作品之一。张荣推测杀手会为了灭口姐姐（倪淑君饰演）而再次找上门，于是男扮女装坐等杀手。这是张国荣首次在电影中男扮女装，可说是极具历史性的场面。

事实上，林忆莲作为歌手更加出名，以单眼皮突显个人魅力的她和张国荣一样，每张专辑都创下了百万销量的纪录；当时还传出她将与申升勋合作，后来却没有下文。虽然在《龙凤智多星》之后，林忆莲和张国荣没有再合作过电影，但他们却以歌手的身份带来了最棒的合唱歌曲 *From Now On*，而张国荣后来也为林忆莲的《赤裸的秘密》献声独白。*From Now On* 如今听来，旋律依然非常甜美动人。不知道现在的林忆莲还能与谁一起演唱这首歌呢？

再见的另一方

说到歌手张国荣，便不能不提日本歌手山口百惠。

张国荣曾说过，日本的流行音乐对自己的影响远远大过于香港的歌手与前辈，而其中影响他最大的日本歌手就是山口百惠。为当年的无名歌手张国荣带来首次成功的《风继续吹》(1983)，便是翻唱自山口百惠的《再见的另一方》(さよならの向う側)。

1959年出生的山口百惠在日本电视台举办的"明星诞生"歌唱比赛中获得亚军，于1973年出演电影，通过演唱该电影的主题曲正式出道，并于1974年以一首《一个夏天的经历》(ひと夏の経験)一跃成为日本炙手可热的顶级偶像。这首歌的歌词中写道"把女孩最宝贵的东西送给你"，意即女孩要把最纯洁的自己送给心爱的男孩，这段歌词在当时的日本社会引起一片哗然。1980年，年仅21岁的山口百惠发布了与著名演员三浦友和的婚约，决定在其事业最高峰时引退娱乐圈；同年10月，她在日本武道馆举办了告别演唱会，之后再也没有在任何公开场合露过面。

张国荣和梅艳芳都是山口百惠的忠实粉丝，他们也翻唱过许多她的歌曲。很多人说张国荣在1989年宣布退出歌坛是受到山口百惠的影响，事实上他自己也在某种程度上承认了这一点："山口百惠的确影响了我。我认为她在事业最高峰遇到心爱的人并退出娱乐圈，选择去过平凡的主妇生活是一件非常有勇气的事情。我和梅艳芳也聊到，希望能像她一样在巅峰引退，做自己想做的事情。"

　　但最终张国荣和梅艳芳都未能如愿以偿，他们都去了那"再见的另一方"。每次听见《风继续吹》时，我都感到非常遗憾。

张国荣翻唱过许多日文歌曲。索尼音乐将他翻唱过的经典日文曲目制作成一张名为《永远最爱 Leslie》的专辑，其中收录了山口百惠的《再见的另一方》、谷村新司的《虚幻》（儚きは）、西城秀树的《梦的罪》（夢の罪）、玉置浩二的《焦急》（じれったい），以及赵容弼演唱的《花》——这首歌的原创是谷村新司，正是张国荣翻唱的《共同渡过》。

在 2004 年的 PAX MUSICA 宝石心超级音乐盛会上，赵容弼、谭咏麟和谷村新司为追忆张国荣共同演唱了《花》，与张国荣感情甚好的谷村新司在演唱途中潸然落泪，赵容弼还为他擦拭了眼泪。

张国荣与梅艳芳共同出演的电影《胭脂扣》。

在天堂也要做伴

张国荣在圈内的女性朋友中，最有名气的人要属梅艳芳，人们都称张国荣为"哥哥"，称梅艳芳为"梅姐"。梅艳芳以如同变色龙般千变万化的风格与造型获得了"百变天后"的美誉，受母亲影响，她四岁时便和姐姐梅爱芳在歌厅和餐厅卖唱。1982年，梅艳芳在歌唱比赛中脱颖而出并踏入歌坛，就此踏上通往天后巨星之路。1991年梅艳芳突然宣布退出歌坛，又于1995年再次复出。

张国荣和梅艳芳同属一间经纪公司，因此自然而然地成了好朋友。与其他女艺人不同的是，梅艳芳和张国荣可以交流音乐。就像她对张国荣来说是一位特别的朋友一般，对梅艳芳而言，张国荣也是独一无二的存在。张国荣曾在采访中提到，自己若在聚会上多和其他女生讲话，梅艳芳就会不开心。如果不照顾她，她就会生气，干脆连话都不跟自己讲。

想必梅艳芳希望张国荣总是将自己放在首位吧!

难道是因为他们的关系太过亲密了吗?张国荣走后,梅艳芳也在同年的12月30日去世了。面对她的离开,许多粉丝惋惜地说,哥哥和梅姐在天堂重逢了。当时,梅艳芳因宫颈癌中断了所有的活动,而在张国荣走后,她的病情便急遽恶化,许多人认为这是因为受到了极大的精神冲击。事实上,很多人都很担心她会想不开并追随张国荣而去,因此当时保镖24小时都会守在她的身边。听闻张国荣生前总是叮嘱梅艳芳要注意身体,不禁更令人心痛。

伴他成功

抛开男女关系不谈,为张国荣付出最多的女人便是他的经纪人陈淑芬。张国荣自1977年出道后的几年间,一直处于近似无名歌手的状态,因为他的歌唱形象较为前卫,所以难以受到广大观众的喜爱。有一次,张国荣在参加歌星大聚会时,往台下抛了一顶帽子,尴尬的是那顶帽子竟被观众扔回了台上。

如果那时有人捡起那顶帽子，现在肯定能卖个好价钱呢！

他的出道专辑 *I Like Dreaming*（1977）和第二张专辑《情人箭》（1979）都没有获得成功，于是张国荣转向演艺事业。后来他跟随恩师黎小田转投华星唱片（1982），并于1983年发表大获成功的专辑《风继续吹》，而这段时期的经纪人正是陈淑芬。1984年，一首 *Monica* 红遍香港，就此奠定张国荣在乐坛的巨星地位，而当时决定购买 *Monica* 翻唱版权的人也正是陈淑芬。

陈淑芬不仅是张国荣的商业伙伴，直到最后一刻都是他坚实的后盾。张国荣走后有许多人都在谈论他，这些人中有些人与他交情深厚，也有些只与他有过一面之缘，甚至有些仅与他擦肩而过，但他们却像很了解张国荣似的大肆谈论他。然而，真正了解张国荣的陈淑芬在谈论张国荣时却十分慎重。

等待 ^待

但 他 没 有 等 待

在我心目中
最重要的是一个女人
我整整等了她十年
不晓得她知不知道

　　卓一航提议练霓裳和自己一起退出江湖。练霓裳问道："几十年后，我老了、头发白了怎么办？"卓一航便承诺她："千雪峰上有种六十年绽放一次的奇花，只要吃下它就可以使白发变黑发，我拼上性命也会采来给你。"他还拔出剑对着上苍发誓："我对天发誓，若背叛练霓裳便死无葬身之地。"然而，这世上没有比爱的誓言更容易破碎的了。

　　卓一航在道观期间，掌门和师兄弟遭受魔教袭击，道观内横尸满地。卓一航误以为是练霓裳所为，而比起被人陷害冤枉，练霓裳更愤怒于深爱之人不相信自己。练霓裳一怒之下，头发瞬间由黑转白，变成了白发魔女。她觉得就算全天下的人都说自己是"杀人魔"，卓一航也应该相信自己；正因如此，她才能够忍受百般的屈辱和折磨。卓一航后来知晓练霓裳是清白的，但练霓裳却已经消失不见。电影的结尾与开场相互呼应，镜头最终停留于坐守在风雪交加的千雪峰上、目光凄惨的卓一航身上。

不朽的恋人

1993年,《霸王别姬》和《白发魔女传》先后上映。比女人更像女人的蝶衣,以及武林高手卓一航竟是同一位演员,着实令观众大吃一惊。不仅《霸王别姬》的蝶衣很像张国荣,《白发魔女传》的卓一航也很像张国荣,他们的共同点就是希望得到爱情。

大家能马上想到张国荣饰演权力者的电影吗?虽然他演过富裕人家的太子爷和新人警察,却很少演像周润发和刘德华等同时代演员所饰演的皇帝、老板或领导小弟的老大等角色。因为张国荣给人一种"即使把名誉和权力交到他手上,但如果他不喜欢便会毫不犹豫地放弃"的感觉。他看起来不是那种会为了得到什么而强行掠夺或单方面强迫他人的人,而这也是我被张国荣吸引的原因。

卓一航深受八大门派盟主赏识,盼他有朝一日能接手武林盟主一位,但他却无心争取,反而想与心爱的女人练霓裳退出江湖。

《白发魔女传》: *The Bride With White Hair*，1993

　　观众在卓一航身上仿佛看到了《倩女幽魂》中"人前行鬼事，鬼前行人事"，且笑称人世间太过复杂的道士燕赤霞，《白发魔女传》中的卓一航犹如长相帅气的燕赤霞。与人世保持距离的燕赤霞卷入鬼神之战，是因为宁采臣和聂小倩的爱情。《霸王别姬》中的蝶衣经历了一生的伤痛，《白发魔女传》中的卓一航想要离开充满欲望和恩怨的江湖，都是因为"爱情"。

在《白发魔女2》（1993）中，张国荣特别客串出演了开场和结尾时的几场戏。老实说，这部电影的完成度我不敢恭维，但卓一航和练霓裳化解误会、重归于好的最后十分钟还是很值得一看。面对赎罪说"都是我的错"的卓一航，练霓裳仍充满了愤怒，说道："为什么十年前你不说？一切为时已晚了。"她的白发如同刀子般刺向了卓一航。卓一航递上苦守十载的奇花恳求原谅，而练霓裳在得知卓一航的一片真心后，才收起了怒气。

苦守十年的男人

提到因为爱情而苦守十年的男人，自然少不了《夜半歌声》中的宋丹平。《夜半歌声》是张国荣与执导《白发魔女传》的于仁泰导演再度重逢的作品，张国荣不仅出演男主角，还亲自担任监制和副导演，因此电影中不免可以感受到他的手艺和特色。

1936年的上海，舞台巨星宋丹平（张国荣饰演）与富家女杜云嫣（吴倩莲饰演）相恋，却因宋丹平的戏子身份而遭杜家父亲极力阻止。他们原本打算像卓一航和练霓裳一般远走高飞，但宋丹平却被困于遭人放火焚烧的戏院之中。宋丹平死于大火，杜云嫣自此成了疯妇；其实宋丹平并没有死，但被烧伤的半边脸却成了他的心理阴影，使他再也无力面对这个世界。

在雷电交加之际，凝视镜中痛苦的自己简直就是一出悲剧。对于曾拥有美貌的舞台巨星而言，烧伤的脸等同于死亡的标记。正因为如此，他只能躲在暗处。

　　但宋丹平对杜云嫣的一片痴心并没有因此改变，他躲在已成废墟的戏院房间里，像苦守在千雪峰等待奇花绽放的卓一航一般，抱着有朝一日可以与杜云嫣重逢的希望为她写歌。苦守十年只为证明真心并求得原谅的卓一航，以及苦守十年只为了将歌声传给杜云嫣的宋丹平，可被视为同一个男人，他们并没有期待心爱的女人看到苦苦等待的自己，而是用等待的心来证明自己的那份爱。最后两个男人的真心都传递给了心爱的人，这让我想起了韩国诗人黄芝雨的《等待你的时候》（너를 기다리는 동안）中的诗句："亲爱的，我等待着不会出现的你，最终我朝你走了去。"

　　张国荣的《夜半歌声》以香港版《歌剧魅影》著称，这部电影翻拍自1937年的华语电影《夜半歌声》。关于1937年的《夜半歌声》，史蒂文·杰伊·施奈德（Steven Jay Scheider）在《有生之年非看不可的1001部电影》（1001 Movies You Must See Before You Die）中写道："卡斯顿·勒鲁（Gaston Leroux）在1911[1]年出版的小说《歌剧魅影》给了几十部电影灵感，但以1937年拍摄的《夜半歌声》最为出色。"其差异的核心在于"幽灵"一角——《歌剧魅影》中的幽灵充满活力且具威胁感，而《夜半歌声》则仿佛将现实中的张国荣原封不动地呈现了出来，让角色充满了纯真和善意。

---

1 卡斯顿·勒鲁所作《歌剧魅影》初版于1910年，1911年被译为英文出版。

但　　　　他　　　　没　　　　有　　　　等　　　　待

天使般的笑容

再次回到《白发魔女传》。这是一部让我第一次感受到张国荣是一个"男人"的电影。他那凌乱的头发性感得令人窒息，但比发型带来更强烈感觉的则是他与林青霞的激情戏。虽然这不是张国荣第一次演激情戏，但奇怪的是，我唯独对这场戏印象深刻。卓一航和练霓裳在洞穴瀑布下的这场戏，比同年上映的任何一部电影中的情节都要"激情"，卓一航和练霓裳如动物般探索彼此的身体，气氛比尺度本身更具有压倒性。提及林青霞的代表作，很多人会选《笑傲江湖2：东方不败》（1992），但比起李连杰，林青霞和张国荣之间的火花才更为强烈。

张国荣曾坦言，自己在林青霞出名前就是她的粉丝（林青霞比张国荣年长两岁）。张国荣很喜欢林青霞的出道电影《窗外》（1973），他还说20世纪70年代末看的华语电影大部分都是林青霞的作品。《窗外》讲述的是一个少女因缺少父母关爱而恋上中年老师的故事，这似乎是张国荣会喜欢的故事类型。

1 2 位于湾仔的会景阁，张国荣和林青霞曾是住在这里的邻居。
3 林青霞亲笔撰写的散文集《窗里窗外》（右）。

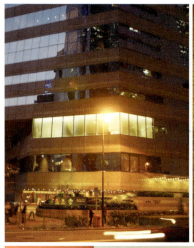

　　20世纪80年代，张国荣和林青霞始终没有合作的机会，直到90年代才接连合作了《白发魔女传》和《东邪西毒》。能与自己喜欢的演员合作，想必张国荣也很激动吧？

　　张国荣和林青霞曾作为邻居一起住在位于湾仔的会景阁公寓，据说当时拍摄《东邪西毒》时，他们还会搭公司的小巴一起去片场。林青霞在2011年亲笔撰写的散文集《窗里窗外》中提及张国荣，她在书中回忆起2003年3月的某一天，她与施南生（香港电影工作室有限公司的总裁，徐克导演的前妻）和张国荣一起去观看了马丁·斯科塞斯（Martin Scorsese）的《纽约黑帮》（*Gangs of New York*，2002）。许久未见的张国荣略显消瘦，但脸上还是带着天使般的笑容。看完电影出来，张国荣边问林青霞觉得电影如何，边把手搭在她的肩膀上。令林青霞吃惊的是，张国荣的手一直在抖。

　　感受到张国荣有些反常，林青霞担心地打电话给施南生。施南生告诉她，张国荣罹患了严重的抑郁症，虽到处求医问药却始终不见好转。林青霞心想就算重新安排工作行程，也要带张国荣去找内地的名医看一看。但当时SARS正席卷香港，因此这个计划便暂时搁置了下来。遗憾的是，张国荣没有像卓一航一样等待着林青霞。

　　林青霞与张国荣的关系甚好，张国荣生前养的爱犬Bingo正是林青霞送给他的。正因为如此，林青霞才会因为没介绍医生给他而感到非常自责。林青霞在文章的最后写道："他是被大家宠爱的，他也宠爱大家……今日提笔写他，脑子里泛起的尽是他那天使般的笑容。"

王家卫 缘

盼 与 恨

要想不被人拒绝
最好的办法就是先拒绝别人
因为这个原因
我再也没有回去

《东邪西毒》: *Ashes of Time*，1994

　　张国荣与王家卫导演合作过三部作品,《阿飞正传》《东邪西毒》和《春光乍泄》。"春光乍泄"的意思是:"春日的阳光穿透云朵普照大地。"电影中有这样的场面吗?

　　电影中有一场宝荣(张国荣饰演)和耀辉(梁朝伟饰演)难得在屋顶晒太阳的戏,宝荣将瓶子里的水浇在耀辉身上,然后像猫咪一般舔他、黏他,这是他们看起来最幸福的瞬间。从屋顶可以俯览拉博卡港,但这个俯摄的镜头不是为了描写风景,而是自然而然地追随着宝荣的视线。想回香港的宝荣在那一瞬间是否想起了维多利亚港呢?或是如加缪的《异乡人》(*L'Étranger*)中的杀人犯默尔索一般,只因阳光太过耀眼而萌生一跃而下的念头呢?

　　《阿飞正传》和《春光乍泄》极为相似。王家卫将宝荣如《阿飞正传》中的阿飞一般抛弃在异国他乡。看着宝荣,便会想起去菲律宾寻找生母,结果却惨死他乡的阿飞;而梁朝伟饰演的善良、真挚的耀辉,则会让人联想到《阿飞正传》中的警察(刘德华饰演)。

春光乍泄的意思是"春日的阳光穿透云朵普照大地"。

　　事实上，王家卫最初在选耀辉一角时，想到的便是刘德华。两部电影的背景建筑和街头风景也十分相似，因此很难分辨。

　　但在《阿飞正传》中有张国荣的独白，在《春光乍泄》里却没有；在《阿飞正传》中，阿飞走出生母家时的独白蕴藏了整部电影的韵味。（《东邪西毒》中欧阳锋的独白引领着整部电影的发展。）在《春光乍泄》中，只能听见耀辉（梁朝伟饰演）和青年张宛（张震饰演）的独白。

　　如果说《阿飞正传》和《东邪西毒》中的张国荣给人一种"听写"的感觉，那么在《春光乍泄》中则从始至终都是"填空"的感觉。换句话讲，《春光乍泄》是一部令人把注意力彻底集中在宝荣身上的电影——他抽着烟、照镜子的时候在想什么？他为什么在下车时递给耀辉车钥匙，却不关车门？

　　他坐在椅子上望向窗外时，为什么要故意回头看呢？因为难以猜测宝荣内心的想法，因此只能留心观察他的一举一动。

　　《春光乍泄》之后，王家卫与张国荣再无合作。如果说《春光乍泄》是王家卫向张国荣做的告别，那么从张国荣身上夺走独白的用意，是否是为了让人们更长久、更细致地观察他呢？

　　美国摄影师南·戈尔丁（Nan Goldin）的作品对《春光乍泄》产生了极大的影响。在拍摄电影前，王家卫曾给摄影师杜可风和美术指导张叔平看过南·戈尔丁的摄影集，而《春光乍泄》在纽约上映的首日也邀请了南·戈尔丁。

巨大的终结符号

1997年7月14日，韩国公演伦理委员会以"该片主题是同性恋"为由，荒唐地禁止了《春光乍泄》在韩国的上映。王家卫特地赶至首尔参加首映，结果却只能无奈地返回香港。然而，人们对电影的热情未减，许多大学的学生会和电影社团纷纷组织了"录影带上映会"。当然，上映会是收费的，但依旧座无虚席，众人都很期待张国荣与梁朝伟的对手戏。有别于大家的期待，惨不忍睹的录影带品质彻底扫了大家的兴。电影还未结束，许多人便纷纷离场；当时我也想一走了之，担心这样的品质会让我对这部电影产生不好的印象。该录影带的品质低劣到根本分不清是伊瓜苏瀑布的流水声还是噪音，就连皮亚佐拉的探戈音乐听起来也像是安魂曲。但尽管如此，张国荣抱着毯子泣不成声的画面还是给我留下了深刻的印象。

一年后，《春光乍泄》删减部分场面之后才在韩国上
映，而无删减版则在十年后才搬上韩国的大银幕。我在
电影上映当天来到电影院，但我没有看电影，因为张国
荣已经不在了。虽然只是一场电影，但我不想看到他被
抛弃的样子。后来我收到一份包含伊瓜苏瀑布灯在内的
套装DVD，但至今我都没有拆开包装纸。对我而言，《春
光乍泄》是一部令我不舒服的电影，我恨王家卫把宝荣
描写成一个话多且总是闯祸的人，而我更不想面对还活
跃在大银幕中的他，感受着现实中的自己无法为他做些
什么的无力感。

为什么要抛弃他

有多少人记得张国荣在《春光乍泄》中的最后一场
戏呢？耀辉（梁朝伟饰演）走后，宝荣（张国荣饰演）
在那间充满回忆的房间里抱着毯子哭得泣不成声。耀辉
曾披着那条毯子炒饭给宝荣吃，宝荣也曾披着那条毯子
边抽烟边看着画有伊瓜苏瀑布的台灯。一次也没有洗过
的毯子会留下什么味道呢？

　　虽然最后宝荣找到了被耀辉藏起来的护照，但他再也无法返回香港了。耀辉在的时候，宝荣至少还能吃上一顿热饭，但如今他只能投入其他男人的怀抱并彻夜泡在夜店里。就像《阿飞正传》中的阿飞一般，宝荣也会烂醉如泥地倒在臭气熏天的街头；身无分文的他居无定所，说不定会在火车或是大巴士上遇到流氓或无赖。他会堕落到世界的尽头，和阿飞一样悲惨地死在异国他乡，死前嘴里不断重复着那句："不如我们从头来过。"

　　我很想问问王家卫导演，为什么要如此狠心地抛弃宝荣？他到底犯了什么不可原谅的错误呢？

　　2008年，我采访了来韩国参加釜山国际电影节的王家卫。我们聊到了《春光乍泄》中宝荣被抛弃的结局，我问他不觉得宝荣的最后一场戏过于残忍了吗？王家卫提到了《摄氏零度·春光再现》（1999）。

不如我们从头来过。

——电影《春光乍泄》中宝荣的台词

©Cine21

执导《阿飞正传》《东邪西毒》和《春光乍泄》的王家卫导演。

"起初我觉得没有拍这种纪录片的必要。但我也很好奇,被我们留在阿根廷的宝荣过得如何?但我没有勇气亲自前往。"

《摄氏零度·春光再现》是《春光乍泄》的后续纪录片,将重返拍摄现场的工作人员的故事,与《春光乍泄》结合在一起,带来了与《春光乍泄》不同的另一个故事。制片人想知道宝荣过得如何,于是重返港口附近的旅馆和公寓寻找他们的足迹。王家卫在片中说:"《春光乍泄》就好比一个巨大的终结符号,可以看成人生中的某个时间点结束后的故事。"

我后来买到在香港上市的蓝光光碟后,才又重温了一遍《春光乍泄》。(购买光碟的另一个原因是《春光乍泄》也是杜可风的电影。)果然画质无可挑剔,令人惊叹不已。看完电影我才理解了法国电影杂志《正片》(*Positif*)的影评人诺埃尔·埃尔普(Noël Herpe)所说的:"《春光乍泄》凝聚了瞬间与本能,电影不是在传达某种意义,而是执着地展现原貌。"

持续绝对的省略效果，通过各式各样的剪辑来表达时间和场所的混乱，以及不规则的兴奋状态。韩国导演、影评人郑圣一也提道："在《春光乍泄》中的伊瓜苏瀑布是最重要且唯一的场景。它存在着某种力量，将沿着不同方向和速度前进的三个人物，有条不紊地引入同一个速度。"

当一泻千里的瀑布画面中响起卡耶塔诺·费洛索的《鸽子之歌》(*Cucurrucucú Paloma*) 时，让人不仅感到震撼，甚至萌生了敬畏之心。或许王家卫想要展现的正是一个他再也回不去的世界。虽然我对他有过埋怨和回避，但还是不得不聊聊他。

阿飞、欧阳锋和宝荣

王家卫的"张国荣三部曲"——《阿飞正传》《东邪西毒》和《春光乍泄》——存在着两个共同点。首先，被抛弃的人总是张国荣饰演的角色——《阿飞正传》的阿飞被生母抛弃，而《东邪西毒》的欧阳锋和《春光乍泄》的宝荣则是被爱人抛弃。

当然，欧阳锋和宝荣略有不同。阿飞虽被生母抛弃，但他也抛弃了更多的人；欧阳锋在被爱人抛弃前，先抛弃了对方；宝荣则是做了该被抛弃的事情。

第二个共同点是王家卫总是将张国荣带出香港，并带到一个非常遥远的地方将其孤立起来。比较以香港为背景的《重庆森林》《堕落天使》，前往菲律宾拍摄的《阿飞正传》、以沙漠为拍摄背景的《东邪西毒》和在阿根廷拍摄的《春光乍泄》，便不难看出王家卫对张国荣除了感情上的差异以外，其速度和方向也不尽相同。"放逐"，成了贯穿王家卫的"张国荣三部曲"的关键词。

虽然王家卫和张国荣有着密不可分的关系，但他们的关系似乎并不是很好。电影杂志 *ROAD SHOW* 在 1990 年的 12 月号刊刊登了记者到《阿飞正传》片场采访的内容，当时的剧组正在皇后饭店拍摄阿飞（张国荣饰演）告诉朋友（张学友饰演）要去菲律宾寻找生母的戏。

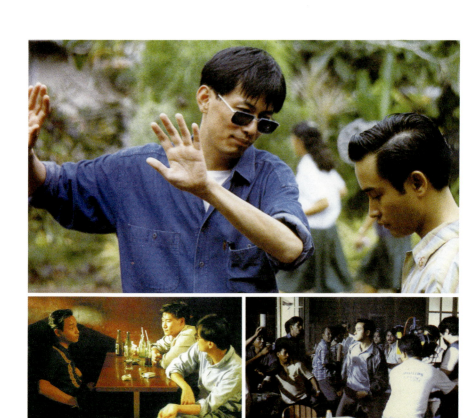

拍摄《阿飞正传》时的王家卫和张国荣。

据报道称，王家卫共喊了48次NG。脾气好的张学友和所有工作人员的关系都很好，而张国荣当时正被退出娱乐圈的传闻所困扰，因此处于非常敏感的状态。他在现场只和张学友讲话，也没有和来探女朋友班的梁朝伟讲话，气氛十分尴尬。NG到筋疲力尽的张国荣在拍完自己的戏份以后，没跟导演打招呼便直接离开片场。

如果说梁朝伟是王家卫的善良"女友"，那么张国荣就是一个随心所欲的"坏女人"。张国荣的敏感和王家卫的执着总是相互冲突，但真正的"王家卫电影"正是出自这种冲突。虽然王家卫以《花样年华》（2000）抵达了又一事业高峰，但我觉得他的电影也因为没有了张国荣，而失去了以往的魅力。

无论是否与张国荣合作，吴宇森导演总是可以拍出同样味道的电影，但不与张国荣合作时的王家卫，却难以拍出相同味道的电影。即使两人的关系无法被看成是克劳斯·金斯基（Klaus Kinski）和韦纳·荷索（Werner Herzog），但就如同分手后无论跟谁交往都无精打采的人一般，失去张国荣的王家卫仿佛也失去了生机。在模棱两可的时态下迷失方向的《2046》（2004）、英文台词感觉对不上的《蓝莓之夜》（2007），以及第一部讲述实际人物故事的《一代宗师》（2013）等电影，都散发出一种出自丧失感的彷徨。

1994年与2008年之间

我认为张国荣的最后一部电影不是《异度空间》（2002），而是《东邪西毒：终极版》（2009）。《东邪西毒》是王家卫成立泽东电影公司后，于1994年自制并发行的作品。主角欧阳锋（张国荣饰演）抛弃心爱的女人（张曼玉饰演），隐居在沙漠小镇，做起了杀手掮客的生意。

欧阳锋是一个感情贫瘠的男人，他隐居的荒凉沙漠象征着他的内心世界。电影中时不时地出现海景，起初很难定义这些海景，直到最后才明白大海象征着他心爱的女人。欧阳锋心爱的女人嫁给了他的兄长，而欧阳锋则在兄长成婚当天离开了家乡。相爱的两人，最终却没能走在一起。"我只希望他说一句话，他都不肯说，他太

215

自信了，以为我一定会嫁给他，谁知道我嫁给了他哥哥。在我们结婚那天，他要我跟他走，我没答应。为什么要到失去的时候才去争取？"

嫂子眼中的大海是对欧阳锋的思念，她始终未能忘记欧阳锋。这部电影中的沙漠与大海是一体的，两个人望着相同的地方思念彼此。虽然欧阳锋说，不被别人拒绝的方法是先拒绝别人，但最后留给他的就只有无尽的孤独和对生活的厌倦。欧阳锋只能怀揣着理性与冲动继续生活，并持续面对不断被唤醒的后悔之情。

王家卫将15年前的《东邪西毒》修复后，花了4年的时间重新剪辑出《东邪西毒：终极版》。我觉得王家卫对《东邪西毒》恋恋不舍的原因，是因为他在"欧阳锋与旧情人"的关系中看到了"自己与张国荣"。他们在《春光乍泄》后再无合作，但他们应该都期待着可以再在电影中相遇。正如电影中各自望着沙漠与大海的两个人，他们在与其他人合作的同时，也没有忘记彼此的存在。对比1994年的《东邪西毒》和2009年的《东邪西毒：终极版》，便能清楚地明白王家卫的用意。

　　《东邪西毒：终极版》的不同之处在于，电影开始随着新人物的登场，添加了符合该季节的"节气"。故事开始于青蛙从冬眠中醒来的3月5日"惊蛰"，也许王家卫是想借由"大地回春、万物苏醒"之意来让张国荣复活。电影从欧阳锋遇到的人物的故事一路发展下去，最后回到自己的故事为止，从惊蛰开始又以惊蛰结束。王家卫在《东邪西毒：终极版》中埋下了"循环"之意，这比电影的英文标题"Ashes of Time"更有感觉。也许王家卫在张国荣走后，才明白自己想要通过这部电影表达的意义。

　　此外，在《东邪西毒》中的开场和结尾有两场欧阳锋的决斗戏，但在《东邪西毒：终极版》中，开场的决斗戏却被删除了。正因为如此，与欧阳锋决斗的演员刘洵（"《黄飞鸿》系列"电影中饰演黄飞鸿的父亲黄麒英）从电影里消失了，但这是王家卫为了将《东邪西毒：终极版》献给张国荣而难以避免的牺牲。

我感到遗憾的是，电影最后还少了表现欧阳锋尖酸刻薄的台词："任何人都可以变得狠毒，只要你尝试过什么叫作嫉妒。我不会介意其他人怎么看我，我只不过不想别人比我更开心。"

最后的礼物

《东邪西毒：终极版》以欧阳锋独自驰骋疆场结束。这比 1994 年模棱两可的结局传达出更为明确的讯息——《东邪西毒：终极版》证明了《东邪西毒》是一个被抛弃的武士张国荣的故事。

王家卫表示自己在与张国荣合作过的作品之中最喜欢《东邪西毒》，而张国荣的离去则是促使他修复并剪辑这部电影的决定性契机。"其实电影并没有什么特别大的变动，我只希望可以做出两点变化。一是，按照季节来划分故事，增添一种循环的感觉；二是，把来找欧阳锋的那些人的故事放进他的独白里。也许最后的场面会让人觉得欧阳锋看起来像个幽灵，但无论如何我都希望能与《东邪西毒》有所不同，以张国荣来结束这部电影。"

　　虽然张国荣和王家卫每次都在激烈的心理战中拍摄电影，但他们始终需要彼此。《东邪西毒：终极版》中，被欧阳锋抛弃的恋人满腔悔恨地告白："我一直以为自己赢了，直到有一天看着镜子，才知道自己输了，在我最美好的时间，我最喜欢的人也不在我的身边。如果时间可以重新开始该多好。"也许王家卫和张国荣每次产生矛盾时，都认为是自己赢了，然而通过电影最后一场戏的变动，王家卫终于坦白承认了"最终我输给了张国荣"。

　　比任何导演都与张国荣对立的、比任何演员都宠爱张国荣的王家卫，《东邪西毒：终极版》就这样成了一份他献给张国荣的最真诚的礼物。

不知是因为巧合，还是其他原因，
每次我离开她、有远行的时候，天都会下雨。

——电影《东邪西毒》中欧阳锋的台词

另一个故事：

张国荣与梁朝伟

　　曾作为制作人参与过王家卫多部作品的彭绮华在评价张国荣、刘德华和梁朝伟时，如此说道："如果刘德华是与角色竞争的演员，那么梁朝伟就是在与角色谈恋爱，而张国荣则是在诱惑角色。"张国荣不会靠近角色并与之交谈，而是通过魅力引诱角色靠近自己，换句话来说，他是可以任意操控角色，并彻底消化角色的演员。

　　在此基础上，我还想用乐器来比喻他们——如果说刘德华是如实传达演奏者力度的打击乐器，那么梁朝伟就是按照演奏者的技巧，连微弱的颤抖都能够表达出来的弦乐器，而张国荣则是根据演奏者的状态决定上天堂或是下地狱的管乐器——打击乐器和弦乐器需要用手操作，而管乐器则需要呼吸。人不可能一直保持平稳的呼吸，因此除了根据演奏者的力度、技巧和健康以外，当下的状态和心态也决定了管乐器所发出的声音。正因为如此，管乐器不仅入门难，演奏时也十分辛苦，只有当所有的条件完美地结合时，才能发出最美妙的旋律。

　　对于《春光乍泄》的宝荣，王家卫和梁朝伟在不同的采访中说过相同的话："宝荣很像现实中的张国荣。"没错，对王家卫而言，张国荣是很难演奏的管乐器。因此以《春光乍泄》为起点，他将御用演员锁定在更为安全且舒适的梁朝伟身上。

　　张国荣和梁朝伟非常不同。张国荣在接受香港电影杂志《电影双周刊》的采访中提道："我没办法每个take都一样，但梁朝伟可以按照导演的要求去演。看到他这样，我的确很吃惊，跟他相比我有点太随意了。如果是有很多独白的戏，我会发现每次我讲的都不一样。虽然内容都不同，但导演还是说可以用（笑）。"

　　重要的是，我们在王家卫近期的作品中会感受到不知缘由的失落感，似乎可以用缺少了张国荣这一把乐器来解释，更具体地讲，张国荣就如同管乐器中的"双簧管"。交响乐团在演出前进行调音时，会以双簧管的音作为标准，因为双簧管的音色格外突出，不会与其他乐器的音混在一起。正因为如此，双簧管会先发出声音，而其他乐器则会根据它的音准来进行演奏。就像《东邪西毒》中的欧阳锋，张国荣置身于王家卫的电影之中，为演奏美好的和音扮演着决定性的角色。

　　双簧管是一种演奏难度很大的乐器。木管乐器是通过向簧片送气而发出声音，而双簧管的簧片相对于其他木管乐器更小，专业的演奏者还需自制簧片来配合音质所需；不仅如此，簧片的寿命也很短，通常一支簧片只能用于一场演奏会。日本电视剧《交响情人梦》（のだめカンタービレ）中的双簧管演奏家黑木泰则便说过这样的一句话："因为没有完美的簧片，所以双簧管这种乐器总是处于未完成的状态。双簧管正是一种在未完成中，孤独地朝着完成不断挑战的乐器。"

　　王家卫尽其所能地打造着"张国荣"这支簧片，为了让他发出更美好的声音而不断地修整簧片的厚薄与长短。舒伯特曾赞誉双簧管是一种带来"天使之音的乐器"，而最令我们感到悲痛的是，我们再也听不见王家卫与张国荣一同演奏这样的天使之音了。

ESLIE CHEUNG

自由乐

不知从何时起，再也无法"Happy Together"了

谁比你重要
成功了败了，也完全无重要
有了你，即使平凡却最重要

《金枝玉叶》: *He's a Woman, She's a Man*, 1994

看张国荣的电影，令人心动的场面何止一两处呢！在《金枝玉叶》中，家明（张国荣饰演）坐在子颖（袁咏仪饰演）身边弹琴唱歌的场面，至今仍令人心动不已。子颖坐在钢琴前演奏自己创作的曲子，家明听后被激发了灵感，便即兴地填了词："谁比你重要，成功了败了，也完全无重要。谁比你重要，狂风与暴雨都因你燃烧。一追再追，只想追赶生命里一分一秒。原来多么可笑。你是真正目标。一追再追，追踪一些生活最基本需要。原来早不缺少。有了你，即使平凡却最重要。"这相当于电影《K歌情人》（*Music and Lyrics*，2007）中的"女生作曲，男生作词"。

子颖望着自弹自唱的家明，两只眼睛变成了心形。当然，我也一样。张国荣弹钢琴的样子真是太美了。家明弹着钢琴，偶尔还会看一眼子颖，他不过是专注于演奏而已，但子颖却已经被他迷得神魂颠倒，而这正是无论对方是男是女的"一见钟情"。

松本友的漫画*KISS*中，平时性格暴躁，但坐在钢琴前却变得温柔无比的五岛老师；《交响情人梦》中，演奏拉赫玛尼诺夫《C小调第二钢琴协奏曲》的千秋真一前辈；电影《不能说的秘密》中，展开激烈钢琴对决的周杰伦……大概只有他们才能媲美家明吧？

事实上，有别于电影中的家明，张国荣并不擅长弹钢琴，而且手也不是很美。在《霸王别姬》中，蝶衣（张国荣饰演）从背后抱住小楼（张丰毅饰演）的时候，看见与蝶衣优美的脸庞相差甚远的男人的大手时，我着实吓了一跳。我心想，难道陈凯歌是故意向观众展示张国荣的手？特意提醒观众从小不管是发声、表情或化妆都为了符合女儿身的蝶衣，其实是一个男人？

张国荣在二十出头时，其左手曾做过切除两颗肿瘤的手术，虽不至于留下障碍，但他的左手相对于右手更小一些。也许对张国荣而言，这成了他不为人知的心理阴影，也或许是因为如此，他才对钢琴充满了渴望。张国荣准备多年、最终却没有完成的电影《偷心》中的主角也是一位钢琴家。在《金枝玉叶》中，他自弹自唱的场面之所以如此美丽动人，是因为他终于得以摆脱束缚，在电影中自在地弹奏钢琴。

229

Café Deco

　　在《金枝玉叶》中，张国荣饰演的顾家明是一位灵魂自由，却被现实束缚的人气作曲家。

　　该角色特质从电影开场便显现了出来——家明是香港知名歌星玫瑰（刘嘉玲饰演）的男朋友，两个人同居，但他非但不参加年末的颁奖典礼，也不在家看电视直播——当天，他在位于中环兰桂坊的某歌厅与当年跟父亲一起玩乐队的成员们一起演出。家明一边弹钢琴，一边热情地演唱着披头士乐队的 Twist and Shout，这首歌是1961年来自美国费城的新人乐队 "The Top Notes" 的歌，但当时没有获得任何反应，直到被披头士乐队翻唱才大获成功。

　　表演结束后，家明和父亲的朋友边聊天边从都爹利街石阶走下来。父亲的朋友回忆往事说道："1968年的时候，你还很小，那时候我们的乐队很有名气。你爸爸很了不起的。"他还拜托家明要一张玫瑰的签名。位于中环的都爹利街石阶不仅在《金枝玉叶》中登场，在《天若有情》（1990）的最后一场戏和《喜剧之王》（1999）的

1　表演结束后，从都爹利街石阶走下来的家明（张国荣饰演）。
2　都爹利街石阶是香港电影中常出现的取景地点。
3　子颖（袁咏仪饰演）前去参加面试的艺穗会。
4　家明和朋友（曾志伟饰演）吃早午餐的"Café Deco"。
5　"Café Deco"是张国荣很喜欢的地方。

231

开场也出现过。《天若有情》的刘德华为了复仇而悲壮地走上石阶，《喜剧之王》的张柏芝则身穿制服走下石阶，准备前往酒吧上班。这里是香港电影常出现的取景地点，喜欢香港电影的人一看便知道。

距离都爹利街石阶不远的地方可以看到艺穗会，那里是电影中家明的唱片公司。某一天，公司举办新人男歌手选拔活动，而活动地点正是艺穗会。从艺穗会的门口到室内，就连屋顶都是前来参赛、想成为明星的香港年轻人，艺穗会也是家明和子颖命定般相遇的地点。子颖因为崇拜玫瑰而急欲见她一面，情急之下便假扮男装参加选拔，最后子颖脱颖而出，还被安排住进家明和玫瑰的家中，三个人的关系因此变得复杂。

由于玫瑰到外地演出，家中只剩下家明和子颖。家明怀疑子颖是同性恋者，还锁上了自己的房门——任谁都看得出来家明可以轻易地制服子颖，但他却充满了戒备。隔天，家明约同性恋者好友吃早午餐并倾诉了有关子颖的事，有别于认为事态严重的家明，朋友给出了简洁明了的答案："你不也是同性恋吗？"

家明和朋友吃早午餐的地点是"Café Deco",那里总是挤满了游客,因此很难坐在他们在电影中的位置。我为追忆张国荣而来的那天正好是工作日上午,幸运地有很多空位。我学家明点了一杯红酒,大白天就喝得面红耳赤,最后只好搭山顶缆车离开。要是能有张国荣的酒量该有多好呢!

像伍迪·艾伦一样

《金枝玉叶》趁着人气,拍摄了续集《金枝玉叶2》(1996)。在续集中,子颖和家明几经波折终于成为爱侣,开始了同居生活。子颖获得"新人奖"的当晚,他们在家中开了假面舞会——家明戴着伍迪·艾伦(Woody Allen)的假面,而子颖则戴着乌比·戈德堡(Whoopi Goldberg)的假面。刚搬进公寓的巨星方艳梅(梅艳芳饰演)也戴着戈德堡的假面参加了舞会,家明先误将方艳梅当成了子颖,后与之发生了一夜情。

　　最初看这部电影的时候，我十分好奇为何在那么多的明星中，偏偏选择了艾伦和戈德堡呢？我个人推测是因为向来以"自由的灵魂"而出名的艾伦从不参加奥斯卡金像奖等颁奖典礼，因为他不理解为电影评分并颁奖的这件事。

　　1978年，《安妮·霍尔》（*Annie Hall*，1977）获得奥斯卡最佳影片奖时，艾伦没有去颁奖典礼，而是去纽约曼哈顿的"Michael's Pub"参加了单簧管演出。艾伦沉迷于传统爵士乐，很早便开始学习单簧管，并且曾经在每周一的晚上去参加单簧管演出。在《金枝玉叶》的开场中，家明不去参加颁奖典礼而是到歌厅演出的这点，正好与艾伦不谋而合。

　　2012年，艾伦凭借《午夜巴黎》（*Midnight in Paris*，2011）获得奥斯卡金像奖的最佳原创剧本奖，但他并未出席颁奖典礼。颁奖嘉宾安吉丽娜·朱莉（Angelina Jolie）在打开信封后说道："恭喜伍迪·艾伦获奖，我们代他收下这一奖项。"

每晚睡不着觉的时候，就呆望着天。

就是这样，我开始喜欢看星星，流星。

就是可能因为它短暂，所以你觉得它灿烂，觉得它漂亮。

——电影《流星语》中李兆荣的台词

在张国荣去世前的2002年，艾伦在乌比·戈德堡的介绍下，获得全场起立鼓掌并走上了奥斯卡的舞台。就这样，戈德堡成了唯一一位没有说"我们代艾伦收下这一奖项"，而是直接邀请他走上台的颁奖嘉宾。

艾伦会出席2002年的奥斯卡颁奖典礼，是因为受到组委会的邀请——在"9·11恐怖袭击事件"之后，他受邀担任为纪念纽约而设的"关于纽约的电影"环节的介绍嘉宾。艾伦在台上表达了他对纽约的特别之情："为了纽约，我愿意做任何事。所以我今天第一次打了领结来到这里。纽约是电影的城市。我在纽约这座电影片场长大，这里到处都是浪漫的布景。纽约始终是一座伟大的电影之城。"

若将艾伦介绍的纽约换成香港，便成了张国荣的故事。艾伦的纽约就是张国荣的香港，艾伦的曼哈顿就是张国荣的中环。遗憾的是，我虽曾遇见陈可辛导演两次，却始终没有机会请教他那个问题——为什么要让张国荣戴艾伦的假面？这是他本人的意思吗？虽然答案无从得知，但可以肯定的是，张国荣也怀抱着同样的梦想，就

237

像导演兼演员的艾伦一般，他也想在自己深爱的城市执导拍摄电影。

虽不熟练，但很清纯

不知从何时起，张国荣在电影中变得不幸福也不自由了。《霸王别姬》之后，观众们期待看见充满悲伤的他；从某一个瞬间开始，电影中的他失去了笑容。他在某次采访中也曾提道："我很清楚自己再也不能演《龙凤智多星》或《为你钟情》那样的电影了。人们对我的期待变了。虽然演技获得了专业性的认可——这很令人欣慰——但人们的期待越来越高，我也很难再回到从前了。"

无论是导演还是观众都期待他扮演身陷困境、悲痛欲绝的角色，当然，这样的角色也为他缔造了"演员张国荣"的绝对地位，但如今想来总觉得非常对不起他。

张国荣的演技令人动容，但我再也无法面对他受伤或崩溃的样子了，也正因为如此，重温陈凯歌的《风月》（1996）和王家卫的那些电影令我感到非常痛苦。不知从何时起，再也无法"Happy Together"了。

如今重温张国荣出道时的作品，反而更令人觉得舒心。张国荣自己不想记住的《红楼春上春》（1978）是他进入影视圈的处女作，他在之后的《喝采》（1980）中饰演一位想成为歌手的年轻人，展现出彷徨且叛逆的形象。但说实话，他在早期作品中的演技有些差强人意。

演员张国荣第一次给我留下深刻印象的作品是霍耀良导演的《失业生》（1981）。在这部讲述香港高三学生在毕业后面对人生抉择的电影中，张国荣饰演的林志荣是一位在极为贫苦的家庭长大的问题少年。他与转学来的富家子弟孔家宝（陈百强饰演）成了好朋友，他们天天都在打赌女老师的内衣颜色、偷看隔壁学校的女生。毕业后，志荣迫于生活压力，到饭店厕所当清洁人员。

　　他在厕所遇见家宝的父亲后自尊心受挫，但学校的朋友并不知道志荣家里的具体情况。之后，志荣结识了经常出入饭店的贵妇，转行做起了舞男，甚至还接触了毒品。令我感到震惊的是，在彷徨的志荣眼里，竟闪现出《春光乍泄》中宝荣的样子。

　　在《红楼春上春》和《喝采》之后，演技差强人意的张国荣是如何在不到一年的时间里有了突飞猛进的进步呢？拍摄《家有喜事》的高志森导演曾说过，"过于投入角色"是张国荣的优点也是他的缺点。我想从那时起，他就懂得彻底将自己融入角色了。

241

旧录影带和YouTube

除了《失业生》，我也很喜欢《偶然》（1986）这部作品，这是一部借助张国荣与梅艳芳的人气而制作的电影，讲述当红歌手Louie（张国荣饰演）和伴舞Anita（梅艳芳饰演）的曲折爱情故事。电影开场可见四角边屋顶的红磡体育馆，紧接着便是Louie演唱会的场景，而在演唱会结束后，Louie与伴舞Anita发生了一夜情，但他们的关系并没有持续发展下去（就像《金枝玉叶2》中的顾家明和方艳梅）。

之后Louie对偶然遇见的Julia（王祖贤饰演）一见钟情，却得知她是父亲的女朋友，伤心之下便远走欧洲。他在法国遇见越南华侨玉诗（叶童饰演），两人坠入爱河，但玉诗却得了不治之症。玉诗觉得自己给不了Louie幸福，便要他回香港。这时，Anita为了帮助伤心欲绝的Louie而来到巴黎，但Louie却拒绝了她的好意。Anita一气之下打了Louie一耳光，她说："你已经不是小孩子了，人活在世上什么事都会遇到，不要再愚蠢地折磨自己了。"

Anita回香港前，Louie把自己写的歌送给了她，回到香港的Anita便在红磡体育馆演唱了Louie写的《紫色的爱》："是谁在那彩虹之中，截取了我最爱的色彩，是谁在这人海中，夺走了我的爱。"

看这部电影的时候，我突然觉得唱歌时的张国荣应该是最自由的——他不必使用虚拟人物的名字，而是以自己的名字站上舞台；那不是他人创造的虚拟人生，而是他自己创造的人生。对他而言，歌唱的舞台才是最真实且自由的地方吧？特别是在他融入悲伤的角色、演绎他人的人生时，或许会更加渴望这样的舞台。

我常为了看自由歌唱的他而在YouTube上搜寻过往的演唱会，彻夜观看那些演出实况和MV，时间不知不觉便过去了。他在红磡体育馆举办过无数场演唱会，非常遗憾的是我一次也没有去过。

ESLIE CHEUNG

梦想 梦

他　　一　　直　　拥　　有　　梦　　想

我已经拍了十多年的电影
从没想过要做其他的事情

《色情男女》：*Viva Erotica*，1996

电影《色情男女》中的主角阿星（张国荣饰演）是一位接连拍垮两部电影的无名导演。阿星寄住在女朋友家中，某天接到邀他拍电影的电话，但还没来得及高兴便得知对方要拍的是三级片。迫于生活的压力，阿星无奈地答应了。电影开拍时，阿星依自己的风格进行拍摄，却被摄影师抱怨说："拍三级片用什么手持式摄影机啊？"那位饰演摄影师的演员是真正的摄影师，他曾是《阿飞正传》摄影组的工作人员。电影中的投资方在看过一期剪辑版后，指责阿星说："拍得太像王家卫了。"这部电影讲述了阿星为摆脱王家卫的影子，而逐渐确立自己独特风格的过程。

在拍摄电影的过程中，阿星遇到了很多难关。他坚持大胆地进行外景拍摄，还将地点选在位于尖沙咀半岛酒店对面的香港太空馆门前的电话亭。到过那里的人都知道，附近人流多得与中环不相上下。阿星甚至要在大白天拍摄强奸的戏，虽然三级片女星梦娇（舒淇饰演）问："怎么能在大街上拍这种戏呢？"但阿星仍固执己见。开机后，街上的行人见梦娇露出胸部和内裤，争先恐后

香港半岛酒店的大堂茶座"The Lobby"。张国荣称赞这里为香港的骄傲。

地探头、拍照，片场瞬间乱成一团。在这些行人当中，戴着太阳眼镜的阿星看到了经过的母亲。母亲装作不认识他的举动，让阿星心里很难受，真是糟糕透了。

他们在半岛酒店对面的太空馆门前拍摄这场令人面红耳赤的戏。半岛酒店是香港拥有古老历史和传统的饭店，其富丽堂皇的外观和优雅风格的室内设计给人留下了深刻的印象。张国荣最喜欢的餐厅除了君悦酒店的"港湾壹号"和位于湾仔的"福临门"，还有就是位于半岛酒店的法国餐厅"吉地士"。大堂茶座"The Lobby"也是张国荣很喜欢的地方，他曾称赞这里的天花板是香港的骄傲；曾在此接受采访的张国荣在起身时还说了一句："没有比我更适合这里的演员了。"

想到这些，《色情男女》所拍摄的这场戏就更加令人困惑了。因为那些非临时演员和经过的路人在看见这一场景时，一定会纳闷"张国荣在拍这么奇怪的电影"或是"张国荣最近在拍这种电影"。

　　但在电影中饰演导演阿星的张国荣可能感到很幸福，因为虽然他演的是一位无名导演，但也算是实现了自己的导演梦。

　　仔细想想，这场戏的焦点似乎没有对准"电影中的无名导演阿星"，而是对准了"现实中的张国荣"。自尊心受挫、灵感枯竭、被众人指责的阿星，与现实生活中张国荣的处境极为相似。对于怀揣着导演梦的张国荣而言，这也可以被看作一种测试吧？唯有克服某种程度的侮辱，才能成为真正的导演。执导《色情男女》的尔冬升导演是为数不多洞察到张国荣内心世界的导演之一，虽然张国荣是在周星驰拒绝出演后的第二人选，但他们两人通过这部电影而有了更深入的交流。

他的梦想

　　张国荣有很多梦想，也有很多想做的职业和想学习的东西。小时候的张国荣梦想成为医生或飞行员，但因为遗传性的手抖而没能成为医生，又因为恐高症而放弃了成为飞行员的梦想。虽然他的恐高症并没有很严重，但他还是很不喜欢坐飞机。他在年少时到英国利兹大学攻读纺织系，却因为爱喝酒的父亲突然中风而中途辍学；从小到大，他与父亲在同一个屋檐下生活的时光不足十天，但他还是为了父亲放弃了学业。

1990年决定退出演艺圈后，张国荣在与杂志《号外》进行的最后一次采访中具体地谈到他的梦想是成为室内设计师。我为了看这篇采访花费"巨资"购买了《号外》三十周年的纪念套装。张国荣在采访中提到自己对建筑和设计很感兴趣，希望可以成为室内设计师，他还提及自己最喜欢爱尔兰出身的建筑师艾琳·格雷（Eileen Gray）——二十世纪二三十年代，被誉为现代主义建筑运动先驱的格雷曾就读于伦敦大学学院斯莱德美术学院，之后则向日本漆器大师菅原诚三学习漆艺，暗色系和抽象的图案成了格雷的个人特色。虽然她被视为现代主义建筑的代表人物，但她追求的并不是原有的装饰艺术设计，而是具有功能性、更便于人们使用的设计。换句话说，她是站在服务使用者的角度进行设计。格雷和她的作品，以及张国荣之间存在着微妙的连接点。

杂志《号外》以张国荣为封面的三十周年纪念套装。

　　就像最初追求极致名品，随后逐渐转为功能性的装饰风艺术一般，作为演员的张国荣的人生和形象也是如此。试问有哪一位演员像张国荣一样亲切、充满人情味，有时却又极度敏感和冷漠呢？张国荣在采访中还提到一位于1949年出生在布拉格的建筑师博雷克·西派克（Borek Sipek）——西派克在布拉格学习室内设计，之后则前往汉堡攻读建筑专业——他是一位以重建古城而闻名的建筑师，同时也是一位厨师。

　　格雷和西派克的共同点，是他们分别出生在不是主流国家的爱尔兰和捷克，之后又多次离开家乡并转移工作舞台，除了原先的职业以外，他们还分别在建筑和料理方面发挥了卓越的才能。从他们身上，也可以看出张国荣的自由风格与欲望。

遗失的钥匙

张国荣最后的梦想是成为电影导演。他总是和顶级的导演合作，虽然很难想象周润发出演王家卫的电影、周星驰出演吴宇森的电影、刘德华出演关锦鹏的电影，或是成龙出演陈可辛的电影，但张国荣却与这些导演都合作过，而这些导演的电影作品中，堪称代表作的作品也都有张国荣的名字。张国荣认为导演是一把打开"电影宝藏箱"的"钥匙"，而他热衷于成为这把钥匙。为此他还曾表示会克制歌手活动的想法："我不希望定期发表专辑，而是希望在有灵感的时候为那些喜爱我的音乐的人唱歌。对于歌手兼演员的工作，如果一切进展得够顺利，我希望自己能像罗伯特·雷德福（Robert Redford）一样兼任导演和主演。"

实际上，张国荣筹划了一部长篇电影，并计划在1999年开机。我小心翼翼地推测，会不会是因为这件事使得张国荣与王家卫再无合作呢？

张国荣既要准备自己的电影，同时又要出演拍摄时间最长也最辛苦的王家卫的电影，加上他总觉得王家卫只把演员当成棋盘上的棋子，自己也搞不清楚他到底要拍什么。也许是因为这些因素，张国荣觉得在王家卫的电影里再也学不到东西了。无论如何，梦想成为导演的张国荣，与王家卫分道扬镳是必然的命运。

杂志《号外》三十周年套装的封面乍看之下是张国荣在《霸王别姬》中的剧照，但实际上他在电影中并没有以这样的造型登场。在电影《霸王别姬》中，张国荣出演过京剧《霸王别姬》中的虞姬、《贵妃醉酒》中的杨贵妃和《牡丹亭》中的杜丽娘，而特别的是，照片中张国荣的装扮是《白蛇传》中的白素贞。张国荣曾说自己最喜欢的京剧是《白蛇传》，他希望这个故事有一天可以拍成电影。（1993年，在徐克导演执导的电影《青蛇》中，王祖贤饰演了修炼千年的白素贞。）在《霸王别姬》选角前，张国荣很喜欢蝶衣这个角色，为了证明自己是最佳人选，他特意拍了京剧造型的照片给陈凯歌看。原本陈凯歌打算邀请《末代皇帝》（1987）的尊龙出演程蝶衣，但最终还是选择了张国荣。

張國榮作品
A LESLIE CHEUNG Picture

《烟飞烟灭》: *From Ashes To Ashes*，2000

细腻而执着

很遗憾张国荣未能实现他的导演梦，但这并不意味
他没有执导过电影。2000年，张国荣亲自执导了短篇电
影《烟飞烟灭》。《烟飞烟灭》是香港电台（RTHK）获得
香港特别行政区政府出资赞助的禁烟公益电影。在电影
开头看见"张国荣作品"的字幕时，我瞬间哽咽了。也
许这对张国荣本人的触动更大吧！

电影的故事很简单。摄影师Lawrence（张国荣饰演）
和经纪公司总监Gladys（梅艳芳饰演）是一对夫妻，他
们膝下有一个儿子。Lawrence的助理摄影师Dave（王力
宏饰演）与Gladys公司的当红艺人Karen（莫文蔚饰演）
是一对恋人。Lawrence和Gladys整日忙于工作，无论在
公司或家中总是烟不离手。有一天，他们的儿子晕倒被
送到了医院，医生（毛舜筠饰演）诊断孩子罹患了白血
病，而患病的最大原因便是吸食了大量的二手烟。

虽然《烟飞烟灭》是一部短篇电影，但观众还是能
从其中找到一些关于导演张国荣的线索——从风格来看，
故事没有高低起伏的反转，而是非常平淡地叙述；从拍

摄的角度和技巧来看，推进故事发展的方式也非常节制。

另外，为了最大限度地呈现医院的现实原貌，张国荣向医生和护士请教了很多细节——电影中除了饰演医生的毛舜筠以外，其他人都是医院的医生和护士，从这点可以看出导演张国荣非常执着于呈现真实的一面。

与此同时，在张国荣与梅艳芳夫妻之间，还穿插了莫文蔚与王力宏的故事，并以此表达"有人失去爱的同时，有人则获得了爱"，这种在短暂的时间里排列重叠的故事结构的方式，一点也不像是新手导演的手法。此外，Karen（莫文蔚饰演）在家休息时看的书正是阿瑟·高顿（Arthur Golden）的《艺伎回忆录》（*Memoirs of a Geisha*）——张国荣的姐姐在他拍完《星月童话》后送了他这本书，张国荣因为对故事印象深刻，便将其拿来当成电影中的道具。

在《烟飞烟灭》中，演员任达华的妻子琦琦友情客串了Lawrence（张国荣饰演）的模特一角。她是香港的资深女模特，虽然出演过几部电影，但几乎都是客串配角，因此难以称之为演员。她在《烟飞烟灭》中没有台词，但电影中的Dave（王力宏饰演）对她感叹道"你都自己化妆啊"时，Lawrence回了他一句："人家可是在你小时候走过让-保罗·高缇耶秀的超级名模。"

我在任达华为拍摄《夺宝联盟》（도둑들，2012）来韩期间采访了他，他对于张国荣的离开深表惋惜，并提到了妻子："琦琦没有拍电影的经验，她不是不想拍电影，而是模特的工作本来就很忙。因为她之前在拍《流星语》的时候曾和张国荣合作过，后来在接到《烟飞烟灭》的剧组电话时开心极了。她还跟我开玩笑说，等以后张国荣真的当了导演，说不定会找自己拍戏。虽然琦琦在《烟飞烟灭》里没有台词，但张国荣特意介绍了她。张国荣很会照顾人，我和琦琦当时都很感动。我当时很期待日后可以看到琦琦出演他执导的电影。真是太遗憾了。"

《烟飞烟灭》中还有一处也显示了张国荣的体贴——Lawrence（张国荣饰演）发现躺在病床上的儿子身上有一处瘀青，于是怀疑是东南亚出身的家佣没有顾好孩子，还质问她："我儿子背上的瘀青是怎么回事？"但他转念一想，家佣也很忙，也许是一时疏忽。

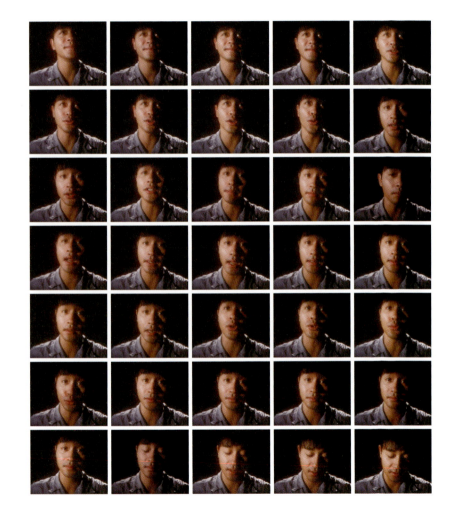

之后出自怀疑家佣的内疚，他在一家人开着敞篷车出门玩的时候也带上了她；张国荣甚至还用特写镜头拍下站在儿子病房外、焦急又担忧的家佣侧脸。到目前为止，虽然看过很多香港电影，但从没见过会带上东南亚出身的家佣出门旅行的香港人。

一般而言，家佣的角色只要请临时演员在室内拍摄一天就可以了，但张国荣还是安排她在旅行的场景和医院登场，她至少在这部短篇电影中出现了三次以上。无论是考虑到短篇电影的预算还是片长，这都是徒劳无益的行为——但我猜当时就算有人提出"这种场面谁会注意到呢"的反对，张国荣也还是会坚持自己的想法吧！原定片长约十分钟的公益电影，最后超过了三十分钟，或许是他的性格使然吧？张国荣就是这样一位对他人体贴入微的完美主义者。

在《色情男女》的最后一场戏中，阿星突然冲着镜头问观众："电影怎么样？喜欢吗？好看吗？"

在写实主义的电影里，这一个场面让人觉得有点莫名其妙。这是导演阿星或演员张国荣想问的一句话，还是尔冬升借由张国荣之口来问观众的一句话呢？

　　通常戏中戏的电影不会使用相同的名称，譬如弗朗索瓦·特吕弗（François Truffaut）的《日以作夜》（*La Nuit américanie*，1973）中的电影名叫《遇见帕梅拉》，而伍迪·艾伦的《好莱坞式结局》（*Hollywood Ending*，2002）中的电影名叫《不夜城》。但在《色情男女》中，阿星拍摄的电影名也是《色情男女》——难道导演尔冬升在某一个瞬间，彻底决定将这部电影交给片中的导演？若是如此，那就让我在心里把《色情男女》看作张国荣执导的第一部长篇电影吧！

ESLIE CHEUNG

遗憾 欢

未 能 填 补 的 空 缺

怕什么
你有那么多个自己
就算丢弃一个也还有另一个

《异度空间》: *Inner Senses*，2002

　　张国荣的遗作《异度空间》虽然带有日本恐怖电影的风格，但并不单纯是人防鬼的概念而已，而是从理性出发，将灵异现象与残余记忆混合所展示出的新的理解角度，从这一点来看便极具独创性。张国荣在片中饰演一位心理医生阿占，为自称搬家后总是能看见鬼魂的章昕（林嘉欣饰演）进行心理咨询。

　　随着阿占与章昕的关系越走越近，原本不相信世上有鬼的他也开始看见冤魂，而那个冤魂正是阿占中学时交往过的女朋友。当时还是中学生的两人一起养了两只小鸡，但小鸡很快就死了，在埋葬小鸡的时候，女朋友问阿占："美好的东西就这么消失了。如果我死了，你会怎样？"年少无知的阿占回答说："那我就陪你一起死啰！"然而，阿占却渐渐无法忍受总是缠着自己的女朋友，面对着以"我倒是要看看你会不会遵守诺言"的恐怖表情用剪刀自残的女朋友，阿占选择转身离去。女朋友因此跳楼自杀了，并在死后持续折磨阿占。多年后，对一切心灰意冷的阿占，来到女朋友自杀的屋顶，说道："如果我死了可以让你幸福，那我现在就从这里跳下去。我死了，你就能忘掉一切，原谅我吗？"

正因为这是张国荣的最后一部电影，因此电影中饱受失眠症和神经衰弱症所苦的阿占，更容易让人自然而然地联想到现实中的张国荣。看这部电影的时候，我一直在想，他不为人知的日常生活该有多么痛苦呢？阿占在电影中为章昕诊断的病名为"自我实现预言"（Self-fulfilling prophecy），意思是指他人的期待和信任会对当事人的行为产生影响，类似"皮格马利翁效应"或"安慰剂效应"。我想张国荣所经历的痛苦根源也许也是"自我实现预言"，或许他过于投入片中那些被抛弃且伤痕累累的角色了。

阿占的一番话打动了冤魂并求得了原谅，在两人亲吻后，冤魂便消失不见了。最后活下来的阿占和章昕相依坐在地上迎来黎明破晓的曙光。电影是圆满的结局，但现实中的他却亲吻了死亡。

太想圆梦

很多人揣测张国荣拍完《异度空间》后没有走出角色，因此罹患了抑郁症，但事实并非如此。2002 年初，《异度空间》杀青后，张国荣正式开始准备自己的导演处女作《偷心》，被撰写剧本、挑选拍摄地点与选角等工作占据，根本无暇罹患抑郁症。当时的张国荣怕被说是为了准备自己的电影而疏忽了《异度空间》的宣传工作，因此比以往更积极地参与电影宣传，连他自己都说这是他第一次为了宣传新片而接受如此多的采访。当时还有日本和其他国家邀请他开演唱会，但他为了集中精力准备电影都婉拒了。

《偷心》以 20 世纪 40 年代的青岛为背景，讲述了两个男人与一个女人之间的爱情故事。故事描述年轻的钢琴家与名门贵族之女坠入爱河，但女方的家里反对并坚持要她嫁给堂哥——到这里为止，剧情与《夜半歌声》略微相似。但有趣的是，他们的痛苦并非来自家中的反对，而是钢琴家的真实身份——其实，这位钢琴家并没有弹钢琴的实力，他只是为了获得女方的芳心，用唱片欺瞒了对方。

风继续吹

不忍远离

——《风继续吹》的歌词。张国荣的家人在报纸上刊登了这句歌词作为追悼文。

　　为了拍摄《偷心》，张国荣召集了非常优秀的工作
人员——摄影为曾担任《花样年华》摄影师且在华语电
影圈享誉盛名的李屏宾；剪辑为王家卫的御用美术指导
张叔平；服装则由曾与黑泽明和张艺谋合作过、被誉为
"亚洲传奇"的和田惠美全权负责，剧组阵容可说是亚洲
的最高水准。主要演员则分别为：由关锦鹏介绍的胡军、
在《新上海滩》中曾与张国荣合作的宁静（对方甚至说：
"如果是张国荣的电影，就算没有片酬也无所谓。"）以及
亲如姐姐的好友沈殿霞。

　　选择另一位男主角则成了难题。在电影《英雄》
（2002）中饰演嬴政的陈道明，因剧本尚未完成婉拒了邀
约，而尽管宁静介绍了导演兼演员的姜文给张国荣，也
没有促成合作——虽无缘合作，他们仍十分投缘，通宵
把酒畅谈电影，姜文还答应张国荣一定会出演他的第二
部电影。此外，张国荣还专程来韩见了宋承宪，遗憾的
是最终也没有促成合作机会。当时想要出演张国荣电影
的年轻演员数不胜数，但最后还是未能填补上这一个
空位。

张国荣究竟想找什么样的演员呢？也许能填补那个空位的人只有他自己吧？虽然有了他才能完成这幅拼图，但如今他的角色是拼凑那些拼图的人。难道不是极度的完美主义，将他推向抑郁症的深渊吗？

张国荣到青岛实地考察时，发现城市面貌与设想的大相径庭，原有的老建筑都已被新建筑取代了，因而必须更换背景并重写剧本。因此电影停滞到2002年3月，而致命的抑郁症也在此时袭击了他。长期的肠胃疾病恶化，使他整夜饱受折磨、彻夜难眠，周围的人都说那段时期的张国荣产生了很明显的变化。准备电影的压力、与唐鹤德的关系，以及不为众人所知的事情……都让他承受着难以负荷的痛苦。尽管如此，一生勤奋努力的他还是坚持往返于香港和内地，为自己的第一部电影做准备。

他在《明报》接受采访的内容令人感到痛心。当时记者担心地问道:"您觉得压力大的时候会去看心理医生吗?"张国荣笑了笑,泰然自若地回答:"没有必要看医生。我很清楚如何调节压力,只要打羽毛球和出门旅行就可以解决了。"但这样的他,却慢慢地被拖进了深渊。

张国荣就是张国荣

张国荣后期的作品,包括《异度空间》在内,最令人感到遗憾的部分是演对手戏的演员。

继《春光乍泄》(1997)和梁朝伟合作之后,很难再看到有哪位演员在影片中与之产生化学反应。虽然这么说很对不起那些演员,但说实话,我始终无法摆脱这种想法:"为什么要和那位演员合作呢?"一起合作的导演也是如此。之所以会这样觉得,是因为王家卫的存在感太强了。

若作为普通的商业电影倒也并非难以接受，但已经与我期待的水准和领域截然不同了。正因为如此，我可以理解"演员张国荣"所感受到的苦恼。观众和导演从某个时间点开始，已经不希望在电影中看到他演喜剧和圆满结局了。

但这并不意味进入20世纪90年代后期的张国荣的人气有所动摇，无论作为歌手还是演员，貌美如"画"的他始终保持着极高的人气。虽然香港电影进入低迷期是事实，但张国荣的名字依旧十分响亮。然而为什么唯独这段时期，他的影视作品如此贫乏呢？

在看过他在《异度空间》前出演的《枪王》后，我改变了想法（这部电影没有在韩国正式上映过，之后才以《速度4秒》这个怪异的名字出了DVD）。《枪王》虽然难以说是一部优秀的作品，却可以在其中看见不断挑战新角色、抛开自己的一切只为融入角色的张国荣。

看到我心爱的演员使出浑身演技，怎么能不为之动容呢？我为之前没有看到他的努力而感到愧疚。张国荣真的每一次都竭尽了全力，人们经常因为看见不是自己所期待的张国荣，而无视了他的努力。然而，张国荣始终都是张国荣。

《枪王》中的彭奕行（张国荣饰演）是一位每年都会在射击比赛中夺冠的射击高手，但在因交通事故而出现手抖症状后，便在女友郭丽怡（黄卓玲饰演）的介绍下，在家中靠帮人改装枪械和教人射击为生。有一天，他与警队高级督察苗志舜（方中信饰演）在射击场巧遇，约定一起参加比赛，但另一位督察老余（陈望华饰演）却在比赛中因投资失利而精神失常，彭奕行出于正当防卫开枪击毙了他。后来得知苗志舜和老余既是同事也是非常要好的朋友，彭奕行与苗志舜因此结怨。彭奕行在开枪杀人后接受心理咨询，并在出院后对女朋友说："有件事我没告诉医生，杀人的时候我很开心，真的。"从那时起，彭奕行变得越来越奇怪。三年后，警方开始怀疑彭奕行就是涉及多起凶杀案的嫌疑犯。

《枪王》: *Double Tap*，2000

　　仅看故事情节就会发现张国荣饰演的角色与之前很不同。为了看起来更像精神病患者，他的脸色苍白到几乎看不见眉毛，他甚至还会做出精神失常的人的表情，去刺激那些怀疑自己的警察；一个人在家照镜子时，他也会表现得如癫痫患者一般。这些场面令人很难受，难免让人联想张国荣独自在镜头前演绎忧郁的样子。

用橡皮擦抹去般

　　《枪王》的最后一场戏在位于青衣站的大型购物中心青衣城（Maritime Square）拍摄，在收到击毙彭奕行的命令后，警察和特种部队与之展开了对峙。彭奕行随即混入人群，一场枪战就此在购物中心打响，而肩膀中弹的彭奕行则躲进了电影院。接下来的场面是我在这部电影里最喜欢的场面——彭奕行抱着中弹的胳膊挡住大银幕，观众冲着他大喊："谁啊！赶快走开！"不知为何，这场戏仿佛在影射张国荣再也没有票房佳绩的现实。镜头与大银幕上的主人公重叠，展现出彭奕行痛苦不已的样子，银幕上的假象与现实中的张国荣打造出了"电影式的死亡"。

1 2 3 《枪王》中的彭奕行之死。
4 与电影氛围相符的青衣城。

混在人群中走出电影院的彭奕行在购物中心的外墙上留下了一道长长的血迹，接着倒在了地上。他没有一句遗言，也没有一个带有同情的脸部特写镜头，就那样悄然无声地死了。我到青衣城的时候，感受到了电影最后一幕的感觉。那里是一个毫无生命力的地方。

后来我看到罗志良导演在采访中提到，那场"毫无情感的死"是张国荣的意思。导演原先希望电影在特写彭奕行悲伤的表情时结束，但张国荣表示："就让他像什么事都没发生一样，像用橡皮擦抹去般地从电影中消失吧！"

想看，却看不到

看过《枪王》后会更加为张国荣的英年早逝感到遗憾，因为他在继吴宇森和王家卫之后，又遇到了陈凯歌、于仁泰、尔冬升和罗志良等导演，而杜琪峰导演则在继周润发和刘德华之后，接连与梁朝伟、任达华、刘青云和梁家辉等香港数一数二的男演员合作。

　　换句话说，张国荣若还在世，总有一天会和杜琪峰相遇。在香港的著名男演员中，唯一没有与杜琪峰合作过的男演员只有张国荣了。（虽然梁朝伟出演的1998年电影《暗花》并非由他执导，而是由他监制，但却展现了其与以往完全不同的狠毒角色性格。）

　　2009年，杜琪峰为主持"Master Class"出席釜山国际电影节时，我曾问过他为何没有与张国荣合作，而他的回答很简单，因为张国荣太忙了。他解释说："我拍电影总是喜欢拍一群男人，虽然也有突显主角的戏，但感觉周润发、刘德华和刘青云更适合这样的角色。

　　张国荣和我的电影感觉不太吻合。而且我希望参与我的电影的演员可以完全投入作品，之前和刘德华发生矛盾的主要原因也是因为他的工作太忙了。张国荣比他还要忙，所以没办法啰！"

　　我现在仍觉得《春光乍泄》是张国荣演员生涯中的巅峰之作，不仅是因为他在这部戏中的演技发挥得特别好，也因为他在王家卫的电影世界里，通过"演技"将个人的性格、身为演员的创意性和看待电影的态度完美地融合在一起。王家卫曾说过，在自己执导的电影中，《春光乍泄》的宝荣最接近现实中的张国荣，正因为如此，观众非常期待在《春光乍泄》之后，张国荣何时还会与王家卫再次合作。也正是如此，才更令人觉得张国荣在后期作品中的演技似乎总缺少了些什么。

　　在观看《枪王》和《异度空间》时，我能感受到他为了脱下所谓《春光乍泄》的荆棘冠冕而付出了多少努力。

　　换句话说，张国荣在《阿飞正传》《霸王别姬》和《春光乍泄》之后，仍在努力尝试带来一部演艺生涯中的代表性作品。这个时间点可能是在他离开的 2003 年，也可能是在他到了 50 岁的 2007 年——也许那会是王家卫的电影，也许会是与杜琪峰的首次合作，也许会是罗志良在《异度空间》后走下坡路的其他作品。无论如何，可以肯定的是，如果张国荣没有离开，他肯定还会带来一部令世界惊叹的作品。因为他是一个勇敢且从不退缩的人。

ESLIE CHEUNG

结束 ^终

学 习 告 别

我因你而幸福过
也明白了你的苦楚
我会记得这一切

2013年2月，我在成龙为宣传电影《十二生肖》来韩时采访了他，我问了他关于张国荣的事情，本以为他们没有特殊的交情，但没想到成龙正是《胭脂扣》的监制。成龙说："在香港没有人问我张国荣的事，在韩国听到这种问题感觉蛮妙的。"接着成龙聊起了张国荣。

"《胭脂扣》选角的时候，很多人都反对找张国荣，因为担心他的明星形象会破坏电影的气氛。但我还是坚持，必须请他，抛开什么明星形象不说，我单纯觉得他来演粤剧一定会非常酷。另外还有一个原因，就是跟张国荣关系要好的梅艳芳说，如果张国荣不演，她也不演。因此其实就算我反对，剧组也还是会请张国荣的。（笑）因为画脸谱这件事，张国荣真是吃了不少苦头。当时正值酷暑，剧组拍戏也非常辛苦。有人提出不如干脆缩减电影中粤剧的戏份，但我反对，我记得当时在我的决定下还请来了香港最贵的化妆团队，而粤剧的动作也都是我们成家班（成龙率领的武术团队）编排的。

"

　　张国荣不仅要画粤剧的脸谱，还要上老人的装束——老人的装束几乎决定了最后一场戏的完成度，因此我又找来最权威的特效化妆师补了几个小时的妆。张国荣真的很辛苦。现在看那部电影可能不觉得怎么样，但在当时的香港花那么多钱不是为了画怪物，而是为了画老人，这的确引起了很大的关注。"

　　《胭脂扣》和《霸王别姬》都改编自作家李碧华的同名小说。《霸王别姬》要被拍成电影时，最初是想让《末代皇帝》的尊龙出演"程蝶衣"一角，但据说看过《胭脂扣》的李碧华积极地推荐了张国荣。在《霸王别姬》的筹划初期，剧组曾想让成龙出演张丰毅饰演的"段小楼"——考虑到学京剧出身的成龙可以自己画脸谱，因此认为他一定可以胜任这一个角色——但当时成龙觉得同性之爱的题材很有负担，所以婉拒了。我真是做梦都想看到成龙和张国荣一起出演《霸王别姬》。

哀而不悲

接着我提到了那天的悲剧。其实，我很好奇成龙为什么没有出席张国荣的葬礼，但又难以开口询问，因为当时很多粉丝都对没有出席张国荣葬礼的明星表示不满，甚至谴责他们。然而，每个人都有自己的原因，就像我们无法追问张国荣为什么离我们而去一样，我们也不好质问那些明星。但另一方面，我还是很想当面听成龙说说这件事。

"张国荣去世的4月1日，我人在德国工作。"成龙亲口说出理由，我莫名地松了一口气。成龙也是我的偶像，我不希望如今"为什么没有出席张国荣的葬礼"这样的问题会为他带来困扰。

成龙表示在接到从香港传来的噩耗后，他跌坐在地，混乱的情绪让他连眼泪也流不出来，他说自己只是愣愣地坐在那里。成龙说他之前就很担心张国荣。"我记得最后一次跟张国荣吃饭是在出事前的几个月，我邀请他、梅艳芳、莫文蔚和张曼玉等圈内好友在餐厅聚会。我到每一桌跟大家聊天，但回到我们这桌时却发现张国荣已

© Cine21

经走了。他不是那种连招呼也不打就离场的人，所以我问了身边的人，莫文蔚说：'他觉得这间餐厅的天花板太低，突然很闷、透不过气，就说先走了，不好意思。'张国荣在我面前一直都是满面笑容的弟弟，那天是我第一次为他担心。"说完，成龙用"哀而不悲"描述他，意思是说，尽管内心悲伤也不会表露出来。采访结束后，"哀而不悲"这几个字一直盘旋在我的脑海中。这个词不仅适用于张国荣，也适用于思念他的我们。逐渐步入中年的超级巨星、怀揣导演梦却屡遭挫败的艺术家、难以忍受世人以世俗的眼光看待自己与唐鹤德的平凡人张国荣……他比任何人都痛苦，却从未表露出来。他从未怨恨过任何人，而是将一切都藏在了心底。

我和所有人一样茫然地预感到了张国荣的离去，但这与金光石、瑞凡·菲尼克斯（River Phoenix）、玛丽莲·梦露（Marilyn Monroe）、埃尔维斯·普雷斯利和詹姆斯·迪恩的离去不同。

张国荣的离去与其说来得太突然，倒不如说是慢慢朝着命运中预定好的2003年4月1日前行一般自然。或许我们在听闻他的消息、品味他的歌词，或看着他在电影中的命运时，都曾在心底自然而然地预感到"有一天，得知他的死讯也不会觉得奇怪"吧？一位曾经喜欢他的忠实粉丝朋友说："他活得比我想象中还久。"听到这句话，我没有特别生气的原因大概也是出于这种预感。

这部片长47年、片名为"张国荣"的电影，在抵达名为"王家卫"的高峰后，最终在4月1日打出了片尾的字幕。我最喜爱的电影就这样结束了。

像他的演员

为了留住与张国荣最后的回忆，我再次来到香港。这次的目的地非常明确——湾仔区的跑马地。

张国荣在香港唯一念过的玫瑰岗学校就在这里。据说，张国荣在学校很有人气，只要他在运动场运动就会吸引来一群女生，但他对异性并不感兴趣。对于往返于家与学校的张国荣而言，跑马地也许就是整个世界，那是什么样的感觉，只要置身于此地便知道了。有别于密密麻麻让人透不过气的市中心，他喜欢的餐厅和住宅分散遍布在这一区。在跑马地的张国荣永远是个孩子，他喜欢"誉满坊"的虾饺和"慕情"的马铃薯炖肉。

张国荣与姐姐和侄子在一起的时候最为天真烂漫，看见他牵着侄子的手走进"誉满坊"的照片，更是令人惋惜。2012年4月30日，"誉满坊"突然停止营业的消息也让很多粉丝大受打击。

1 2 3 张国荣喜欢的点心中菜馆"誉满坊"。
4 想拥有像张国荣一样的能量的演员李帝勋。

一想到能让人追忆张国荣的地方都逐渐在消失，就令人感到十分难过。但幸好这间餐厅之后又默默地开了门，并且也保留了原来的面貌，虽不知道当初为什么歇业，但能吃上"誉满坊"的点心就令人感到心满意足。

2012年3月初，香港国际电影节开幕之际，我和演员李帝勋一起去了"誉满坊"。电影节期间正值亚洲电影大奖颁奖，而李帝勋以电影《高地战》（고지전，2011）入围最佳男配角提名，于是便踏上了亚洲电影大奖的红地毯。

颁奖典礼的隔天，我和李帝勋以及他当时所属经纪公司"Saram Entertainment"的李素英代表见了面。李帝勋很喜欢香港，平时经常一个人到香港旅行。他当时在KakaoTalk（韩国聊天软件）的头像正是在韩国还没上映、由张学友和汤唯主演的《月满轩尼诗》（2010）的海报，可见他对香港电影的喜爱程度。

我第一次见到李帝勋是在2011年《守望者》（파수꾼）上映时，当时他来拍摄Cine21的杂志封面。初次见面时，他对我说："我读了您的《假如第二次去香港》，觉得非常有趣。"

他是第一位以这种方式亲切地与我打招呼的演员，我感到很新鲜。我们自然而然地聊到了香港，还客气地表示未来有机会要在香港见面。没想到一年之后，我真的和这位因《建筑学概论》蹿红的演员在香港碰面了。我一直觉得李帝勋很有张国荣年轻时的感觉。在他的提议之下，我们一起去了张国荣经常光顾的"誉满坊"。

李帝勋在《守望者》中饰演的基泰，让人联想到《失业生》《风月》和《春光乍泄》中张国荣所展现的颓废且暴力形象，而他在《建筑学概论》中饰演的大学生李胜民则散发着张国荣在《为你钟情》和《龙凤智多星》中青涩而开朗的魅力。在完全不同的两部电影《守望者》和《建筑学概论》之间自由变化形象是一件很难的事。这也就是说，张国荣是一位能自由驾驭天壤之别的角色的美男子演员。

绝对的美与忧郁完美地融为一体，展现出一种病态般的魅力，这是他们的共通点。对于总是只被突显阳刚之气的亚洲男演员而言，这是非常珍贵的连接点。

　　李帝勋害羞地表示自己能与张国荣相提并论是莫大的荣幸："看着电影中的张国荣，可以感受到他平静且优美的背后，隐藏着如同火焰般的能量。身为演员，如果能拥有像他一样的能量有多幸福呢！再也看不见他的电影，真的很令人惋惜。"

　　李帝勋听说张国荣喜欢吃虾饺，于是便夹起一颗放在嘴里。看着眼前的这位演员，我不禁想着若张国荣还在世，总有一天，他们一定会在亚洲电影大奖上相遇，说不定张国荣会作为给李帝勋颁奖的嘉宾，和他站在同一个舞台上。

举杯追忆他

　　最后要去的地方，是张国荣常去的居酒屋"慕情"。"誉满坊"和"慕情"都没有将张国荣的签名和照片挂在墙上，老板和张国荣一样十分低调，只有向他提出请求，他才会拿给你看。"慕情"有一份将张国荣的资料整理并剪贴后的文件，附带的地图上还标有与他有关的香港名所，就连张国荣不想提起的处女作《红楼春上春》的拍摄地点——澳门某公园也在上头。

1 居酒屋"慕情"的老板（右）和客人。
2 老板说张国荣喜欢饮烈酒。
3 张国荣喜欢吃的日式马铃薯炖肉。

　　这份文件详细到令人心生歹念地想偷回家珍藏，里头还有许多笑容满面的张国荣的画像和漫画，张国荣若看到这些，想必会放声大笑吧！

　　因为居酒屋经常客满，我特意选在星期一稍晚的时间来到"慕情"，幸好店里很清闲，没吃午饭的我豪气地点了一份"张国荣套餐"。很快地，店员送来了张国荣喜欢喝的清酒和马铃薯炖肉等几样小菜。我最先注意到的是清酒，因为酒的度数高达50度。（张国荣竟然喝如此烈的酒？）人们常对张国荣的两件事感到意外，一是他的手不漂亮，二是他其实是个"酒徒"。生前他常被狗仔队拍到从"慕情"走出来，却很少有他红着脸的照片，这不是因为他没有喝酒，而是他的酒量太好了。

　　店里没有什么客人，老板从厨房走了出来，邻桌的客人似乎与他关系很好，老板时不时便坐下来和客人聊天。老板自然地往返于厨房与邻桌，看见喝下一杯清酒便面红耳赤的我，便与我搭起了话。日本大阪出身的老板一直对我说日语，站在一旁的店员看着一句也听不懂却还是频频点头的我，边笑边用英文做了简短的翻译。

或许是很久没有人提起张国荣的缘故，老板讲了许多关于他的事，坐在邻桌、上了年纪的客人也说他之前偶尔会在店里遇见张国荣，还说看到张国荣喝那么烈的酒也感到很不可思议。

老板是日本职业棒球阪神虎队的狂热粉丝，还说自己是阪神虎粉丝俱乐部香港支部的支部长。我随声附和假装很懂棒球，还讲了金本知宪的名字（保持1492场连续出赛全场的世界纪录，且被誉为"铁人"的前阪神虎选手。）之后，老板便再也没有提起张国荣。这位称呼足足小了张国荣一轮的金本知宪为"大哥"的老板，滔滔不绝地聊着棒球。

随后，话题又转到了韩国歌手罗勋儿身上。老板说自己去KTV总是会唱罗勋儿的歌，他拿来《无时无刻》（무시로）、《整理》（갈무리）和《18岁顺子》（18세 순이）的乐谱，上头密密麻麻地写着用日语标记的韩语发音的歌词。

看着这些乐谱，我想起自己当年也曾在笔记本上用韩语标记出《当年情》的歌词发音。老板说他偶尔会在店里播放罗勋儿的《整理》，不知道张国荣是否在这里听过这首歌呢？

再见，张国荣

虽未能如愿以偿听"慕情"的老板讲更多关于张国荣的事情，但我的心情却很愉快；之前几次来的时候，心情都很低落，但这次却很不同。能与和张国荣四目相对聊过天的人讲话，这件事本身就很令人开心，仿佛自己超越了时间，也和张国荣讲过话似的。这样讲很荒谬又夸张吧？

老板说那件事之后，有很长一段时间经常会有记者找上门询问："张国荣最后的状态如何？是否看起来很忧郁？有没有和唐鹤德吵架？"也许作为客人到访"慕情"的只不过是张国荣的外壳，但老板记忆中的他总是很开心地喝酒，是一位满面笑容的客人，是一个与"自杀"这种可怕的词完全没有关联的愉快的人。

　　我也曾在那段时间里疯狂地调查张国荣走后所传出的假遗书、三合会的阴谋论、三角关系和不为人知的秘密等各种消息。但走出"慕情"后，我突然想起电影《少年派的奇幻漂流》（2012），电影的最后通过两种开放式的结局向我们传达了一个讯息：一切取决于我们的"信仰"。相信即"真实"。既然如此，那些真实就是张国荣留下的有哭有笑的回忆、感人的电影，以及美好的歌曲。我想这也是他所希望的。

　　《少年派的奇幻漂流》中的老虎"理查德·帕克"没有与少年派告别，头也不回地消失在森林中，而少年派也领悟到"人生终究是一场告别"。他望着如同《阿飞正传》中的阿飞一般，无情地走掉的老虎掉下了眼泪，但尽管如此，他只能克服往事不可能重演的事实，继续去过自己的新生活。理查德·帕克就像是张国荣，而我们则是留下来的派。

　　离别之所以珍贵，是因为人们在离开后总会留下安慰人心的礼物，也总会令人有所领悟。张国荣离开时也留下了礼物，他潇洒地告别，但我们与他一起书写的故事才正要开始。

© 김선태 Kim Seon-tae

History

1956

1956 年
9 月 12 日出生。

1969 年
前往英国东部诺福克留学。

1976 年
考入英国利兹大学攻读纺织系，但因父亲中风而辍学回国。

1977 年
参加丽的电视（香港亚洲电视前身）举办的亚洲歌唱比赛，以亚军而正式出道，发行出道专辑 I Like Dreaming。

1978 年
电影处女作《红楼春上春》。

1981 年
电影《失业生》—曲获香港区

1989

1989 年
宣布退出香港乐坛，之后移居加拿大，半年后又返回香港。

1991 年
以电影《阿飞正传》摘下第 10 届香港电影金像奖影帝头衔。

1992 年
以电影《家有喜事》重返影坛。

1993 年
电影《霸王别姬》《白发魔女传》节金棕榈奖。

1994 年
电影《东邪西毒》。该片于次年获得第 1 届香港电影评论学会大奖，张国荣获得最佳男演员奖。获得第 46 届法国戛纳电影

1987

1987 年 电影《倩女幽魂》《英雄本色 2》；专辑 Summer Romance 成为当年香港销量最高的唱片，并夺得国际唱片业协会（IFPI）香港唱片全年销量冠军大奖。

1986 年 电影《英雄本色》。

1985 年 电影《为你钟情》；于香港红磡体育馆举办个人演唱会。

1984 年 凭借专辑 Leslie 中的主打歌 Monica 首夺十大中文金曲和十大劲歌金曲的金曲奖。

1982 年 电影《烈火青春》。

2003

2003 年 4月1日自杀身亡。

2000 年 《热·情演唱会》。

1998 年 担任柏林国际电影节评委。

1997 年 电影《春光乍泄》。

1996 年 电影《色情男女》。

1995 年 以专辑《宠爱》复出歌坛。

Discography

1977	I Like Dreaming
1977	I Like Dreaming
1978	Day Dreamin'
1979	情人箭
1983	风继续吹 张国荣曼谷演唱会现场实录 张国荣的一片痴…
1984	Leslie
1985	为你钟情
1986	Stand Up 爱火 英雄本色当年情
1987	爱慕 Summer Romance Leslie Dance & Remix
1988	Virgin Snow 拒绝再玩 Hot Summer 张国荣百事巨星演唱会 Leslie Remix 行动 Leslie Remix
1989	侧面 兜风心情 Salute Final Encounter

1990 张国荣告别乐坛演唱会

1995 宠爱

1996 Love With All My Heart
红

1997 跨越97演唱会

1998 这些年来
Printemps

1999 陪你倒数

2000 Untitled
大热
热·情演唱会

2001 Forever 新曲 + 精选

2002 Cross Over

2003 一切随风

Filmography

1978　红楼春上春 Erotic Dream of the Red Chamber
导演：金鑫　主演：张国荣、黄杏秀、关海山

狗咬狗骨 Dog Bites Dog Bone
导演：薛家燕、黎小田　主演：薛家燕、黎小田、缪骞人、吴孟达

1980　喝采 Encore
导演：蔡继光　主演：陈百强、张国荣、钟保罗

1981　失业生 On Trial
导演：霍耀良　主演：陈百强、张国荣、钟保罗

1982　柠檬可乐 Teenage Dreamers
导演：蔡继光　主演：张国荣、周秀兰

冲激·21 Energetic 21
导演：陈全　主演：张国荣、艾迪、钟保罗

烈火青春 Nomad
导演：谭家明　主演：张国荣、汤镇业、叶童、夏文汐

1983　鼓手 The Drummer
导演：杨权　主演：张国荣、周秀兰、卢大伟

第一次 First Time
导演：俞凤至　　主演：翁静晶、张国荣

杨过与小龙女 Little Dragon Maiden
导演：华山　　主演：张国荣、翁静晶

1984

缘份 Behind the Yellow Line
导演：黄泰来　　主演：张国荣、张曼玉、梅艳芳

三文治 Double Decker
导演：翁维铨　　主演：惠英红、潘震伟

圣诞快乐 Merry Christmas
导演：高志森　　主演：麦嘉、徐小凤、陈百强、张国荣

1985

龙凤智多星 The Intellectual Trio
导演：黎应就　　主演：张国荣、倪淑君、林忆莲、楼南光

求爱反斗星 Crazy Romance
导演：梁家树　　主演：张艾嘉、陈百祥、张国荣

为你钟情 For Your Heart Only
导演：冯世雄　　主演：张国荣、李丽珍

1986 偶然 Last Song in Paris
导演：楚原　主演：张国荣、梅艳芳、王祖贤、叶童

英雄本色 A Better Tomorrow
导演：吴宇森　主演：狄龙、周润发、张国荣

1987 倩女幽魂 A Chinese Ghost Story
导演：程小东　主演：王祖贤、张国荣、午马

英雄本色2 A Better Tomorrow II
导演：吴宇森　主演：狄龙、周润发、张国荣

1988 胭脂扣 Rouge
导演：关锦鹏　主演：梅艳芳、张国荣、万梓良、朱宝意

杀之恋 Fatal Love
导演：梁普智　主演：张国荣、钟楚红

1989 新最佳拍档 Aces Go Places V
导演：刘家良　主演：许冠杰、麦嘉、张国荣、利智

1990 倩女幽魂2：人间道 A Chinese Ghost Story II
导演：程小东　主演：张国荣、王祖贤、午马、李嘉欣

阿飞正传 Days of Being Wild
导演：王家卫　　　主演：张国荣、张曼玉、刘嘉玲、刘德华

1991

纵横四海 Once a Thief
导演：吴宇森　　　主演：周润发、张国荣、钟楚红

豪门夜宴 The Banquet
导演：张坚庭、高志森、徐克、张同祖　　　主演：曾志伟、郑裕玲、张学友、梁朝伟

1992

家有喜事 All's Well, Ends Well
导演：高志森　　　主演：周星驰、张国荣、黄百鸣

蓝江传之反飞组风云 Arrest the Restless
导演：刘国昌　　　主演：张国荣、周慧敏、向华强、叶德娴

1993

霸王别姬 Farewell My Concubine
导演：陈凯歌　　　主演：张国荣、张丰毅、巩俐

花田喜事 All's Well, End's Well, Too
导演：高志森　　　主演：许冠杰、张国荣、关之琳

射雕英雄传之东成西就 The Eagle Shooting Heroes
导演：刘镇伟　　　主演：张国荣、林青霞、梁朝伟、梁家辉

白发魔女传 The Bride With White Hair
导演：于仁泰　　主演：张国荣、林青霞

白发魔女2 The Bride With White Hair II
导演：胡大为　　主演：林青霞、张国荣

1994　**大富之家** It's a Wonderful Life
导演：高志森　　主演：张国荣、梁家辉、刘青云、毛舜筠

金枝玉叶 He's a Woman, She's a Man
导演：陈可辛　　主演：张国荣、袁咏仪、刘嘉玲

锦绣前程 Long and Winding Road
导演：陈嘉上　　主演：张国荣、梁家辉、关之琳

记得香蕉成熟时2：初恋情人 Over the Rainbow, Under the Skirt
导演：马伟豪　　主演：邓一君、童爱玲

东邪西毒 Ashes of Time
导演：王家卫　　主演：张国荣、林青霞、梁家辉、梁朝伟、张学友、刘嘉玲、杨采妮

1995　**金玉满堂** The Chinese Feast
导演：徐克　　主演：张国荣、袁咏仪、钟镇涛、赵文卓

夜半歌声 The Phantom Lover
导演：于仁泰　　主演：张国荣、吴倩莲

1996　大三元 Tri-Star
导演：徐克　　主演：张国荣、袁咏仪、刘青云

风月 Temptress Moon
导演：陈凯歌　　主演：张国荣、巩俐

新上海滩 Shanghai Grand
导演：潘文杰　　主演：张国荣、刘德华、宁静

金枝玉叶2 Who's the Woman, Who's the Man
导演：陈可辛　　主演：张国荣、袁咏仪、梅艳芳

色情男女 Viva Erotica
导演：尔冬升、罗志良　　主演：张国荣、舒淇、莫文蔚

1997　97家有喜事 All's Well, End's Well'97
导演：张坚庭　　主演：周星驰、吴倩莲

春光乍泄 Happy Together
导演：王家卫　　主演：张国荣、梁朝伟、张震

1998 九星报喜 Ninth happiness
导演：高志森　　主演：张国荣、吴倩莲

安娜玛德莲娜 Anna Magdalena
导演：奚仲文　　主演：金城武、陈慧琳、郭富城、袁咏仪

红色恋人 A Time to Remember
导演：叶大鹰　　主演：张国荣、梅婷

1999 星月童话 Moonlight Express
导演：李仁港　　主演：张国荣、常盘贵子

流星语 The Kid
导演：张之亮　　主演：张国荣、狄龙、琦琦

2000 枪王 Double Tap
导演：罗志良　　主演：张国荣、方中信、黄卓玲

恋战冲绳 Okinawa Rendez-vous
导演：陈嘉上　　主演：张国荣、王菲、梁家辉

烟飞烟灭 From Ashes To Ashes
导演：张国荣　　主演：张国荣、梅艳芳、王力宏、莫文蔚

2002 异度空间 Inner Senses
导演：罗志良　　主演：张国荣、林嘉欣

图书在版编目（CIP）数据

永远的哥哥张国荣/（韩）朱晟彻著；胡椒筒译
. —上海：上海书店出版社，2023.3（2023.9重印）
　ISBN 978-7-5458-2256-4

Ⅰ.①永… Ⅱ.①朱…②胡… Ⅲ.①张国荣（
1956—2003）—生平事迹 Ⅳ.①K825.7

中国国家版本馆CIP数据核字（2023）第030495号

版权合同登记号：图字：09-2023-0080号

策　　划　杨英姿
责任编辑　张　冉　胡美娟
封面设计　汪　昊

永远的哥哥张国荣
[韩]朱晟彻　著
胡椒筒　译

出　　版　上海书店出版社
　　　　　　（201101　上海市闵行区号景路159弄C座）
发　　行　上海人民出版社发行中心
印　　刷　上海丽佳制版印刷有限公司
开　　本　889×1194　1/32
印　　张　9.75
字　　数　90,000
版　　次　2023年3月第1版
印　　次　2023年9月第2次印刷
ISBN 978-7-5458-2256-4/K·464
定　　价　108.00元